Für Ben

Dein Reich komme!

Die Biblische Geschichte – eine kurze Reise durch eine lange Story

© 2021 Marcus Zeller

Illustration:	Alexander Rath, München
Covergestaltung:	Alexander Rath, Anita Mourik
Lektorat:	Markus Feutlinske, Darmstadt
Allroundsupport:	Deborah Zeller
Verlag und Druck:	

tredition GmbH, Halenreie 40-44, 22359 Hamburg

Inhalt

Vorwörtchen

Über die Bibel zu schreiben, ist keine leichte Sache: für Milliarden Menschen ist sie Gottes Offenbarung an den Menschen und damit Träger ihrer Hoffnung auf eine bessere Zukunft. Das „Reich Gottes" wird in verschiedenster Form erwartet.

Gleichzeitig ist die Bibel die Grundlage für viel Leid: in der Geschichte gibt es viele Beispiele dafür- die katholische Inquisition ist vielleicht das drastischste.

In der heutigen „modernen" Zeit scheint die Bibel etwas deplatziert, abgesehen vielleicht von ihren „apokalyptischen" Prophezeiungen, die natürlich bei manchen Religionsgemeinschaften auch dafür herhalten müssen, die „Endzeit" zu beweisen. Dennoch kann die Bibel nicht nur einen faszinierenden Einblick in Geschichte der drei großen monotheistischen Religionen (Judentum, Islam und Christentum) geben, sondern auch in die Entwicklung von Fragen wie: Was ist Schuld eigentlich? Was ist das Böse? Was ist Freiheit?

In dieser kurzen Story werden wir immer wieder auf diese Fragen treffen und feststellen, dass wir sie gar nicht von uns selbst trennen können. Wir werden immer wieder uns selbst begegnen und feststellen, dass der Mensch nicht nur Beobachter, sondern Gestalter der biblischen Geschichte war.

Und vielleicht werden wir uns dabei Gott immer näher fühlen, weil „er einem jeden von uns nicht fern ist" (Apostelgeschichte 17, 27). Nur bitte keine Scheu, die gewohnte Sichtweise einfach einmal wegzulassen und Neues zu wagen!

Dein Reich komme!

Die Biblische Geschichte – eine kurze Reise durch eine lange Story

Die Bibel! Langweiliges aus dem Reli-Unterricht? Ein staubiger Wälzer aus grauer Vorzeit? Oder ein geheimnisvolles Buch voller Mysterien?

Die Bibel ist die Grundlage vom Meisten, was wir heute unter Richtig und Falsch verstehen- sie ist die Grundlage unseres sogenannten Werte- und Rechtsystems- sagen die Soziologen. Die Bibel ist ein Märchenbuch, sagen die Atheisten. Die Bibel ist ein Geschichtsbuch, sagen die Historiker. Die Bibel ist Gottes Wort und so aktuell wie noch nie, behaupten die Gläubigen.

Was also sollen wir davon halten? Was stimmt denn nun? Was für ein Nutzen könnte die Bibel tatsächlich für uns haben?

Na, fangen wir von vorne an. Beginnen wir eine kleine Reise durch das berühmteste Buch der Welt. Wir werden dabei ein paar Details auslassen müssen. Aber wir werden auf jeden Fall Spaß dabei haben! Denn: Alles ist nur so ernst, wie wir es nehmen, das dürfen wir während dieser Reise nicht vergessen.

Kapitel 1 - Der Anfang: die Genesis

Am Anfang schuf Gott Himmel und Erde. Basta. In faszinierender Einfachheit erhalten wir hier eine Erklärung für die Existenz aller Dinge. Die Bibel überspringt ein paar unbedeutende Jahrmillionen, in denen Dinosaurier erschaffen und wieder abgeschafft wurden und wer weiß, was noch alles geschah. *Gott schuf.* „Erschaffen" ist natürlich ein Begriff aus menschlicher Lebenswirklichkeit. Was also hat Gott so getan, bevor er anfing zu arbeiten? Es gab vielleicht keine Zeit, ok. Die wurde ja auch von Gott erschaffen. Gibt es denn *Sein*, das heißt: bewusste Existenz, auch ohne Zeit?

Das sind philosophische Fragen von ziemlich großem Umfang. Fragen, die sich vielleicht der erste Mensch auch gestellt hat.

> Der Begriff *Philosophie* kommt aus dem Griechischen und bedeutet „Liebe zur Wahrheit"

Sein Name war Adam, zumindest in der Geschichte der Genesis. „Mensch vom Erdboden", so die Übersetzung aus der Sprache des Volkes, aus der diese Geschichte ursprünglich stammt. Adam war „im Bilde Gottes geschaffen", so lesen wir im ersten Bibelbuch „Genesis" (was

11

„Erschaffen" bedeutet) oder auch „1. Buch Mose" genannt. Also kann man daraus schließen, dass dieser Mensch Eigenschaften hatte, wie Gott sie hat. Damit konnte sich Gott später auch nicht herausreden, wenn der Mensch nicht ganz nach Plan funktionieren würde. Und Adam hatte eine Sonderfunktion: Er war im Gegensatz zu seinem Schöpfer sterblich. Und er hatte einen Auftrag: Er sollte sich die Erde „untertan" machen: „Seid fruchtbar und mehret euch und füllet die Erde und macht sie euch untertan und herrscht über die Tiere..." (Gen.1,28). Zumindest dieser Teil der Bibel hat sich bis heute zweifelsfrei erfüllt.

Adam bekam von Gott auch eine Frau, Eva, was so viel bedeutet wie „Mutter der Lebendigen". Die beiden waren mit der Eigenschaft der Neugier erschaffen worden.

Im Bilde ihres Schöpfers, der vielleicht selbst auch neugierig ist. Da er aber allmächtig ist, gab es keine Überraschungen für ihn: Alle Fragen, die er sich selbst stellt (ist ja sonst keiner da...), werden von ihm sofort selbst beantwortet. Nix Neues. Vielleicht war er damals dessen überdrüssig geworden und hat einen Trick angewendet, um seine eigene Allmacht und damit sein uneingeschränktes Vorherwissen sozusagen zu umgehen. Der italienische Naturphilosoph Giordano Bruno schrieb vor 400 Jahren: „Gott würde nicht Alles sein, wenn er nicht alles sein könnte". Machen wir also ein Gedankenexperiment!

Der Trick wäre der: Gott „verkleidet" sich. Als Mensch vielleicht. Damit vergisst er eine Zeitlang, dass er alles im Voraus weiß und deshalb keine Überraschungen erleben kann. Er kann *so tun*, als sei er nicht Gott.

Ein träumender Gott, der vergessen hat, dass er träumt.

Also zurück zur Geschichte der Bibel. Der neugierige Mensch im Bilde Gottes, schön und fehlerfrei, lebte im Paradies. Dort zeigte ihm Gott einen besonderen Baum, den „Baum der Erkenntnis". Hätte Gott ihm den Baum nicht gezeigt, hätte er ihn womöglich gar nicht bemerkt. Aber Gott zeigte Adam den Baum nicht etwa mit dem Hinweis: „Hier mein geliebter Prototyp, wenn du etwas wissen willst, hab ich da ein Zauberbaum...", sondern mit dem Verbot, diesen Baum zu benutzen, also von seinen Früchten zu essen.

Das erscheint sonderbar, oder? Aber erinnern wir uns an den Trick des Allmächtigen, der gerne einmal etwas Unvorhersehbares erleben wollte. Und

schließlich ist Gott ja durch und durch gut,
weshalb nichts Ernstes passieren konnte.

So waren Adam und seine Frau, die beiden
einzigen Menschen ohne Bauchnabel, in der
Zwickmühle. Es ist wie, wenn die Eltern
weggehen und sagen: „und wehe, du
schaust in der oberen Schublade im Schrank
nach...!" So beobachteten die beiden eine
Zeitlang das Leben um sie herum: Alles

wurde geboren, reifte, alterte und starb schließlich. Das ging immer wieder von vorne los. Wie der Rhythmus von Tag und Nacht. Irgendwann drohte das ganze langweilig zu werden. Da kam eine sprechende Schlange und erinnerte die beiden an die Möglichkeit, „Erkenntnis" zu gewinnen: der Baum! „Ihr werdet Gut und Böse erkennen...!" zischelte sie. Gut und – was..? Wie hieß das andere Wort? „Bööööhhhssseeee!" zischelte es zurück. Aha. Was sollte denn das sein? Alles war so friedlich, gleichförmig und... naja, irgendwann auch ein bisschen langweilig (wir denken an die Misere Gottes in seiner langweiligen Allmacht...?).

Die Schlange hat natürlich auch symbolischen Charakter: Sie steht für den Weg zu einer höheren Erkenntnis. Der Mensch ist ein Wesen, welches auf

Entwicklung ausgelegt ist. Und dazu braucht er Unterstützung. Das „Böse" eignet sich dazu hervorragend. Daher ist es ziemlich klar, wie es weitergeht.

Natürlich aßen die Beiden von der Frucht des Baumes. War auch zu erwarten. Auch von Gott, nebenbei gesagt. Sie hatten zwar Bedenken, weil Gott ihnen die Todesstrafe angedroht hatte; aber eigentlich gab`s nichts zu verlieren. Alles, was das Leben ihnen bisher zu bieten hatte, kannten sie ja schon bis zum Abwinken. „Und warum immer klein gehalten werden?", dachten sich die beiden vielleicht. „Da hätte er doch einfach noch eine weitere Rasse netter Säugetiere erschaffen können! Wozu dieses riesige Gehirn, wenn wir noch nicht einmal wissen sollen, was dieses „Böse" sein soll?"

Ja, es ging um Überraschung. Und um Verantwortung. Gehorsam ist nämlich keine

Verantwortung, dass hat ein kluger Nachkomme namens Jesus des nun zum Tode verurteilten Adam 4000 Jahre später auch festgestellt. Und es ging um Freiheit. Freiheit gibt es nämlich nicht, wenn man gar nicht die Möglichkeit hat, Fehler zu machen. Das muss man nämlich - um lernen und damit wachsen und reifen zu können.

Apropos zum Tode verurteilt: Gott hatte, wie viele Eltern auch, mit seiner Drohung ein wenig übertrieben. Adam und Eva gründeten erst einmal eine richtige Familie, natürlich erst, nachdem sie aus dem Paradies der Unschuld geflogen waren.

Der Erstgeborene der beiden war übrigens ein Meister im Bösen. Er war schon immer auffällig und wäre heutzutage sicher in therapeutischer Behandlung. Aber irgendwann sorgte er für die erste richtige Überraschung und Lektion in dem, was das Böse ist.

Um es vorwegzunehmen: Man könnte sagen, das Böse ist einfach das Fehlen von Liebe. Das könnte man vielleicht so auf den Punkt bringen. Es ist kein geheimer Stoff, kein geheimes Wissen oder sonst etwas im Weltraum. Es ist einfach das Fehlen von Liebe. Und was ist das Gute? Liebe. Liebe?

Ja, denn Liebe ist Verbundenheit. Sie ist das tiefe Wissen darum, dass die Schöpfung nichts von mir Getrenntes ist. Es ist also ein Gefühl der Verbundenheit mit allem, welches ein Gefühl der Verantwortung für alles mit sich bringt. Aus dieser Verantwortung heraus tut man automatisch Gutes. Das nennt man wieder Liebe. Fertig. Fühlt man sich verantwortlich für alles, geht man mit allem gut um. Ich brauche niemanden, der mir sagt, was gut ist, genauso wenig, wie ich jemanden brauche, der mir sagt, ich darf nicht meinen Finger abschneiden, weil mir das nicht gut tut. Ganz einfach eigentlich. Friedrich Schelling, ein Gelehrter des 18. Jahrhunderts meinte, dass „als Gott alleine war, konnte noch keine Liebe sein", weil die Liebe etwas braucht, an dem sie sich zeigen kann. Er erklärte, dass alles nur in oder mit seinem Gegenteil existieren kann und im Menschen beide Prinzipien vorhanden seien- eine Grundvoraussetzung von Bewusstsein, die wir in der Tierwelt nicht finden. Der Mensch wird dadurch also erst zum *freien* Wesen.

Aber wieder zurück zur Geschichte. Die geht nämlich noch ziemlich lange – und das, um die einfache Frage zu beantworten, was Liebe ist. Du meinst, die hätte Gott schon im Voraus gewusst? Natürlich. Aber eben nicht *erlebt*. Theoretisch wusste er alles. Theoretisch wusste er wohl, was ein Weltall ist, Quantenverschränkung, Schweinebraten, Traurigkeit, Höhenangst, Heimweh, Sehnsucht, Spielsucht, Eifersucht und all die Dinge, die es so in einem Universum gibt, auch ohne sie erst zu erschaffen. Aber *wie fühlt es sich an*? Wie ist es, wenn es *wirklich* ist? Alles zu Wissen und alles Wissen in sich zu tragen ist für sich noch gar nichts. Die Dinge existieren erst, wenn sie existieren. Ja, *die Dinge existieren erst, wenn sie existieren*! Dazu müssen sie erschaffen werden. Wie soll ein Gott, der alles in sich trägt, sonst *erfahren*, was er da so in sich trägt?

Zuerst musste *er so tun*, als gäbe es das Böse. Wie bitte? Langsam. Natürlich kann Gott nicht böse sein. Der Mörder im Film ist in Wirklichkeit auch nicht böse. Es brauchte also „Schauspieler" für die Vorstellung!

Johann Wolfgang von Goethe drückt das in seinem „Prometheus"- Gedicht so aus:

„Hier sitze ich,
forme Menschen nach meinem Bilde
Ein Geschlecht, das mir gleich sei,
zu leiden, zu weinen,
Zu genießen und zu freuen sich
Und dein nicht zu achten,
wie ich!"

Der älteste Sohn von Adam und Eva also hatte ein Problem mit Eifersucht. Warum denn das? Weil Menschen immer gerne genau das hätten, was sie nicht haben, wohl aber der andere. Wieso denn das? Weil Menschen sich nicht gut genug fühlen. Die „Anderen" sind immer „besser". Warum denn das? Gute Frage. Immerhin sind sie alle Nachkommen derselben Prototypen. Kinder des allmächtigen Schöpfers. Kinder des EINEN. Vielleicht weil sie verlernt haben, sich selbst zunächst wirklich toll zu finden, also zu lieben. Auch darauf wird 4000 Jahre später ein kluger Kopf hinweisen. Auf jeden Fall scheint es ein Gefälle zu geben, gegen das man aktiv angehen muss. Das Böse wäre dann so etwas wie unsere Gravitation, gegen die wir auch ständig „ankämpfen"- besonders morgens früh…

Eines Tages wollten beide Söhne von Adam und Eva für Gott „Opfern". Das Opfer war der Versuch, wieder mit Gott ins Gleichgewicht zu kommen. So wie wenn ein kleines Kind der Mama ein schönes Bild malt, nachdem es die Vase heruntergeschmissen hatte.

Der ältere Sohn, Kain, wird dabei so eifersüchtig, dass er seinen Bruder Abel erschlägt, weil Gott sein Opfer nicht mag, sondern nur das seines Bruders Abel. Damit leistet Kain einen gewaltigen Beitrag zum Erfahren des Bösen. Alle stellen fest: Das Böse erschaffen wir selbst, wenn wir nicht genug Liebe haben.

Aber erst einmal war die Lust am Erzeugen vom Bösen geweckt und ziemlich groß. Es schien großen Spaß zu machen, soviel, dass das Experiment ernsthaft gefährdet schien. Dazu entschied Gott, dem Menschen noch eine Chance zu geben, anstatt eine neue Rasse zu erschaffen, die weniger neugierig auf das Böse war. Also schauen wir, wie es weiter geht.

Kapitel 2: Die Sintflut

Von nun an geht alles ziemlich schnell. Die Menschen breiten sich auf der Erde aus und haben, wie gesagt, ihre wahre Freude am Erzeugen des Bösen. Keine Möglichkeit wird dabei ausgelassen. Zu Hilfe kamen den Menschen dabei „gefallene Engel", göttliche Wesen, die sich unter die Menschen gesellten- wir sehen an dieser Stelle, wie nahe noch die mystische Welt mit der Menschenwelt verknüpft war. Macht und Gewalt, undenkbar in einem Paradies, scheinen unwahrscheinlich Spaß zu machen. Dass es dabei zwangläufig Verlierer gibt, ist unausweichlich. Nur wenigen fiel auf, dass hier was gehörig schief läuft. Im Grunde fiel es nur einem Einzigen auf. Es war nicht viel übrig geblieben von unserem Prototyp im Bilde seines Schöpfers. Oder aber der Schöpfer probierte gerade mit seinem

Verkleidungstrick das für ihn eigentlich Unmögliche aus… Jedenfalls hieß der eine, dem das auffiel und dem das alles ungemein unangenehm war, Noah. „Der Tröstende" bedeutet der Name, und ob er irgendjemanden trösten konnte, ist unklar. Klar ist, dass Gott jetzt wieder in seine Rolle des reinen und allmächtigen Chefs schlüpft. Vermutlich dachte er sich: „Das geht jetzt aber ein wenig zu weit…die ruinieren mir hier noch die ganze Schöpfung…uiuiui…so viel Spaß, wie kann ich die denn von Reinheit und Gewaltfreiheit überzeugen? Geht gar nicht…!", und fand eine ganz pragmatische Lösung: „Ich bring sie alle um!". Klar, wenn Gewalt von Gott ausgeht, kann ja keiner was sagen. Immerhin hat er Gerechtigkeit erfunden und muss es wissen. Außerdem ist hinterher eh keiner mehr da, der was merkt…

Gesagt, getan. „Noah, sieh zu dass du eine stabile Holzkiste zimmerst, in der ich ein bisschen Schöpfung unterbringen kann weil ich den Rest umbringen werde!" Noah: „Wie jetzt...? Ich soll jetzt *dein* Problem lösen? Du hast die doch geschaffen mit deinem blöden Baum und dem ganzen Hick- hack von Gut und Böse und überhaupt ist die Motorsäge noch gar nicht erfunden..."

Am Schluss hat Noah dann doch gezimmert, unterstützt von seinen talentierten Söhnen. Vielleicht hat Gott auch ein bisschen nachgeholfen. Als der Kasten fertig war, verkrochen sich pärchenweise alle Tiere darin, die des Schwimmens nicht mächtig waren. Noah packte noch ein paar haltbare Futtermittel ein (ein paar tausend Tonnen plus Käfigstreu) und wartete ab. Diesmal hielt Gott sein Wort und ließ es regnen, bis alles überflutet war und alle außer Noah und dessen Familie ertrunken waren.

Wow. *Gott* soll so etwas getan haben? Der wirkliche und einzige Gott? Der Schöpfer von Himmel und Erde zerstört seine eigene Schöpfung? Oder mit wem haben wir es hier zu tun? Schauen wir weiter.

Kapitel 3: Der Turmbau zu Babel

Mit der Sintflut war ein Neuanfang gemacht. Eine zweite Chance für die Nachkommen der Prototypen sozusagen. Und den Menschen wurde klar, dass sie im

Grunde alle gleich waren, Kinder desselben Vaters. Sie wussten auch um die verlorene Gunst ihres Schöpfers. Und sie wussten irgendwie auch um ihren göttlichen Ursprung. Aber es waren noch Kinder. Ihre Vorstellung vom allmächtigen Schöpfer war die des Kindes, das sagt: „Mein Papa ist der Stärkste".

Zuerst wollten sie aber auch Papa zeigen, wie stark sie selbst waren. Deshalb bauten sie einen Turm, nicht aus Bauklötzen, aber mit demselben Ziel: Papa beeindrucken, vielleicht auch Papa näher sein. Der Turm sollte nämlich „bis in den Himmel" reichen. Und natürlich gingen sie in aller Selbstverständlichkeit davon aus, dass Papa so dachte und fühlte, wie sie selbst. Sie waren eifersüchtig, jeder wollte jeden übertreffen, jeder der Stärkste sein. Und daher erzählt uns die Bibel, dass „Gott herabfuhr zur Erde, um den Turm zu sehen, den die Menschen gebaut hatten...und er sprach: „Nun wird ihnen nichts mehr, was sie zu tun gedenken, unerreichbar sein!", (1.Mose 11Vers 6). Gott musste also nachsehen, was die Menschen taten. Ging nicht mehr vom himmlischen Thron aus. Da war nix mehr mit Allmacht. Klar, er wusste, dass die Menschen im Grunde ein Teil von ihm selbst waren. Und dann noch das: „Von jetzt ab wird ihnen nichts mehr unmöglich sein! Das muss ich verhindern!" Gott war jetzt sehr menschlich, und er zeigte menschliche Angst.

Aus dieser Motivation heraus sind die meisten Kriege auf der Welt entstanden. Auch die Einheit war dem Gott dieser Epoche ein Dorn im Auge. Wir lesen: „lass uns hinabsteigen und dort ihre Sprache verwirren!". Besser konnte man Unfrieden gar nicht stiften. Gott erschuf also bei der Gelegenheit auch die verschiedenen Sprachen auf unserem Planeten. Für ihn war die Gefahr damit erst einmal gebannt. Nun konnten die Menschen in aller Ruhe Nationen und Völker aufbauen und sich gegenseitig in Schach halten oder ausrotten. Ein weiterer genialer Schachzug im Erschaffen des Bösen.

Und wieder kann man sich nicht wirklich vorstellen, dass hier wirklich von dem GOTT die Rede ist, der der Ursprung aller Dinge ist.

Kapitel 4: Abraham

Man könnte meinen, dass den Menschen inzwischen klar geworden wäre, was das Böse ist, wie man es vermeidet und sein Gehirn sinnvoll nutzt. Aber der Mensch stand erst am Anfang des Experimentes. Er hatte seinen göttlichen Ursprung und vor allem den Versteck- Trick des Schöpfers vergessen und nun galt es, das Puzzle wieder zusammen zu setzten. Es galt, sich im Labyrinth des Möglichen zurechtzufinden. Die Spezies Mensch war noch ein geistiges Kleinkind. Seine Vorstellungen von Gut und Böse und natürlich auch seine Vorstellungen vom

Schöpfer waren nichts anderes *als Erfahrungen seiner Selbst,* seines eigenen Lebens und seiner eigenen Reife. Jeder Gott zur damaligen Zeit war auch eine *Person,* wie der Mensch selbst. Deshalb konnte der Schöpfer in der Vorstellung der Menschen damals so unglaublich

> Die Idee von einem EINZIGEN Gott geht auf den Pharao Echnaton von Ägypten zurück und stammt aus vor-biblischer Zeit.

„menschliche" Eigenschaften haben, wie wir sie in den ersten Büchern der Bibel finden werden: Eifersucht, Jähzorn, Misstrauen, sogar Blutrausch finden wir in den Geschichten. Es sind Geschichten voller Konkurrenz zwischen kleinen Stadtstaaten, Clans und Sippen, die im Orient lebten, von ihren Kämpfen und die in der alt-orientalischen Kultur damit verbundenen Übertreibungen.

Eine davon ist die des Abraham. Der hieß zuerst Abram und lebte in der wohlhabenden Chaldäerstadt Ur. In dieser Kultur hatten alle Clans, Städte und Sippen ihre eigenen Gottheiten. Man respektierte und ehrte sie, natürlich auch gegenseitig. Diese Gottheiten waren verantwortlich für das Wohl ihrer Besitzer. Alles in allem waren sie sehr begrenzt tätig; so fühlte man sich ihnen nicht völlig ausgeliefert. Die Vorstellung eines einzigen Weltenschöpfers hatte im damaligen Weltverständnis noch gar keinen Platz. Fragen kosmischer Dimension waren noch nicht wichtig in dieser Epoche.

Das änderte sich mit Abrahams Gott, der im Laufe der Geschichte mit dem allmächtigen Weltschöpfer gleichgesetzt werden wird. Dieser Gott nämlich fühlte sich zu Höherem berufen- vielleicht fühlte sich auch Abraham selber zu Höherem berufen und übertrug das auf seinen Gott. Auf jeden Fall behauptete Abraham, von seinem Gott einen besonderen Auftrag bekommen zu haben: „Zieh hinweg von deinem Land und deinen Verwandten und ich werde aus dir eine große Nation machen und alle Nationen des Erdbodens werden sich durch dich segnen" (1. Mose 12:2,3).

Wir erfahren also, dass Abrahams Gott Gutes im Sinn hatte, und das auch noch für *alle* Nationen. Was genau das sein sollte, ließ dieser Gott aber offen. In 1. Mose 17:19 lesen wir von einem „ewigen Bund": „Da sprach Gott: Sara, deine Frau, wird dir einen Sohn gebären, den sollst du Isaak nennen, und mit ihm will ich meinen ewigen Bund aufrichten und mit seinem Geschlecht nach ihm". Abraham zieht also los, um diesen Segen in die Welt zu tragen, besser gesagt, ins „Verheißene Land" einzuziehen. Heute würde man sagen, er beabsichtigte, in imperialistischer Weise ein fremdes Land zu überfallen und zu besetzen. Ein beliebter Sport unter Königen der kommenden Jahrhunderte. Aber dazu später.

Zu den ersten Handlungen des Gottes Abrahams im verheißenen Land – Abraham ist mit seinem Stamm als Nomade unterwegs - gehört die Vernichtung der Städte Sodom und Gomorra durch vom Himmel fallendes Feuer. Dieses „Wunder" bestätigt Abraham in seinem Glauben, als Träger des „gerechten Gottes" voranschreiten zu können. Zuvor aber verlangt Gott etwas Sonderbares. Er will, dass sich alle männlichen Angehörigen des Stammes verstümmeln, und zwar *intim*: sie sollen sich beschneiden. Das bedeutet: Vorhaut ab. Klar, ohne Vorhaut ist der

Mann etwas Besonderes! Die Kontrolle über sexuelle Dinge der individuellen Freiheit sind immer ein Merkmal totaler Machtausübung. Wer über sein Intimstes nicht frei verfügen kann, ist nirgends frei. Und so verkauft man sozusagen seine Seele dem, dem man sich in dieser Hinsicht unterwirft. Dafür bekommt man die Gewissheit, etwas Besonderes zu sein.

Etwas später erfahren wir noch mehr über den Glauben dieses Gottes an seine Kinder. Moment, den *Glauben Gottes*? Genau, denn wenn Gott nicht *weiß*, ob ihn seine Nachfolger treu sind, oder ob sie ihn lieben, muss er *glauben*. Und manchmal muss er testen. Aber wie kann ein allwissender und all- liebender Gott seine Kinder *testen*? Klar: nur, wenn er eben nicht allwissend ist.

Dazu fordert Gott Abraham auf, seinen geliebten und einzigen Sohn zu töten. Er sollte einen Altar bauen und seinen Sohn Isaak darauf wie ein Tier opfern. Etwas makaber, was? Jaaaa, manche werden einwenden, dass Gott es nie zugelassen hätte, dass Abraham *wirklich* mit dem Messer zusticht... Welcher Vater würde von seinem Kind verlangen, mit der Hand ins Feuer zu fassen mit der Absicht, die Hand in letzter Sekunde weg zu ziehen? Nur um zu wissen, ob der Sohn den Vater wirklich liebt!? „Ambivalent- unsichere Bindungsstörung" nennt die Psychologie so etwas heute. Eine weitere Erfahrung in dem, was Liebe und Vertrauen NICHT sind, war geschaffen.

An dieser Stelle ist es Zeit für eine kurze
Denkpause. Gott erscheint bisher ziemlich
unvollkommen und- ja, menschlich. Wie
kann das sein? Die Antwort könnte lauten:
Abraham`s Gott war hauptsächlich eine
Vorstellung von Abraham selbst. Sie wurde
durch die Werte und Vorstellungen der
damaligen Zeit, von Heldentum, Tapferkeit
und vermeintlicher „Stärke" gebildet. Es
war der Gott, der hinter dem Stamm, hinter
der Sippe stand. Größenwahn,

imperialistisches Streben, alleinherrscher-Anspruch, aber auch familiäre Unverbrüchlichkeit und Treue wurden von dem „Gott" verkörpert, den Abraham sich vorstellte. Es war noch immer das Spiel von: „Mein Papa ist stärker als deiner!", nur gesellte sich jetzt das Gefühl von *Identität* dazu: etwas Besonderes zu sein, einen höheren Auftrag zu haben, Entwicklung in Gang zu bringen. Kennst du die Geschichte von König Artus und seinen Rittern, die den heiligen Gral suchten? Darin geht es um etwas Ähnliches: man lebt nicht nur „einfach so", sondern man ist jemand wichtiges, jemand besonderes, weil man einem höheren Auftrag folgt.

Die Bibel beschreibt die Zeit Abrahams sehr gründlich. Gerechtigkeit als Wert entwickelt sich in dieser Zeit sehr *normativ*, also an feste Regeln gebunden. Auf den Folgenden hunderten Seiten der Bibel geht es daher auch um Betrug, Hinterlist, Verträge und solche Dinge. All das wird bald im „Mosaischen Gesetz" seinen Höhepunkt finden. Das ist das Gesetz, was mit den berühmten „zehn Geboten" beginnt, die Gott selbst auf Steintafeln geritzt haben soll. Es gibt dort entweder „Gut" oder „Böse". Worin unterscheidet sich das Eine vom Anderen? Die „gute" Seite ist die Seite des Gottes Abrahams. So etwas Ähnliches kennen wir doch, oder? Die „Bösen" sind doch irgendwie immer die Anderen...

Doch erst einmal ist Abrahams Mission begonnen: „Durch dich werden sich alle Nationen segnen!" Leider mussten die Meisten aber dafür ausgerottet werden.

Exkurs: Kann Gott eine Person sein?

Natürlich stellte Abraham sich Gott als eine *Person* vor. Das war unter vielen Völkern üblich: Götter haben Eigenschaften, Vorlieben und Abneigungen und im Prinzip sind sie so ähnlich wie wir Menschen. Das war insbesondere in der Zeit der Fall, als man noch „polytheistisch" (von poly- mehrfach, theos- Gott) religiös war, also glaubte, es gäbe viele Götter. Der Glaube an einen einzigen Gott kam erst später. Man kann Gott eben nur mit den eigenen Maßstäben verstehen. Man kann sich nur vorstellen, was der eigene Geist hergibt. *Man kann sich eben nichts vorstellen, was man sich nicht vorstellen kann.* Und die Grenze dessen, was man sich vorstellen kann, wird gebildet durch das eigene Wissen, die eigenen Sinne (also unsere Fähigkeit, Dinge wahrzunehmen), die eigene Intelligenz und die eigene Erfahrung. Wir wissen nicht, was *hinter* dieser Grenze liegt und was dort möglich ist. Deshalb ist der Gott, der in der Bibel beschrieben wird scheinbar so veränderlich: mal misstrauisch, mal gütig, mal zornig, mal nachsichtig. Er ist eine Beschreibung von Eigenschaften, die wir bei uns selbst finden.

Um Person sein zu können, braucht es immer *andere*. Erst mit dem Anderen als ein Gegenüber kann sich Persönlichkeit entwickeln und vor allem wirken. Person zu sein bedeutet daher zwangsläufig, begrenzt zu sein. „Ich" kann nicht auch „du" sein. Gott schließt aber alles ein und damit Begrenztheit aus.

Ein kleines Kind versteht die komplizierte Welt nur entsprechend seines Entwicklungsstandes. Ein erwachsener Mensch ist dieser Begrenzung auch unterworfen, auch wenn viele Erwachsene das nicht gerne einsehen. Wir sind begrenzt. Gott ist unbegrenzt. Er „endet" nirgends, weil er sich nicht „in" irgendetwas befindet. Deshalb ist Gott auch undefinierbar, also nicht auf bestimmte Eigenschaften festzulegen. Er ist nicht „entweder- oder", sondern „sowohl-als auch". Alles, was es gibt, trägt auch sein eigenes Gegenteil mit sich. Wenn es etwas „Gutes" gibt, so gibt es auch etwas „Schlechtes" so wie es Tag und Nacht gibt. Das ist gemeint, wenn von „Polarität" die Rede ist: Ein „Minuspol" braucht immer auch einen „Pluspol". Gott kann nicht nur das Eine sein, was uns sympathisch ist, sondern in Gott muss auch das Gegenteil vorhanden sein.

Wäre Gott ein allwissendes Individuum, also eine Person - jedoch ohne Begrenzungen - gäbe es keine Freiheit für ihn. Alles, was möglich wäre, wäre ihm auch schon bekannt. Freiheit aber braucht das Unbekannte, weil das Unbekannte erst Möglichkeiten *ermöglicht*.

Auch hat eine Person eine Ursache. Sie ist Zwängen und Bedingungen einer Umwelt unterworfen, denen sie gehorchen muss- das ist das Merkmal einer Persönlichkeit. Sie kann nicht jemand anderes werden. Eine Person hat ein „Selbst", ein Wesenskern der Eigenschaften einschließt und andere Eigenschaften ausschließt. Damit ist eine Person also ganz bestimmten Bedingungen unterworfen. Das kann auf Gott nicht zutreffen. Der griechische Philosoph Aristoteles nannte Gott daher „den unbewegten Beweger".

In unserer Vorstellung hat alles ein Ziel, einen Zweck. Ein wirklich allmächtiger, unendlicher Gott aber ist ohne Anfang. Er hat auch kein Ende, weil er keinerlei Zeit unterworfen ist. Daher hat er auch kein Ziel in unserem Verständnis, außer vielleicht, alle Erfahrungen, die möglich sind, Wirklichkeit werden zu lassen. Der Mensch kann die Welt nur in Zusammenhängen wahrnehmen: alles hat für uns eine Ursache. Gott hat keine Ursache. Anfang und Ende sind sogar gegenteilige Eigenschaften Gottes.

Deshalb kann er keine Person in dem Sinne sein, was wir darunter verstehen. Er ist nicht klar abzugrenzen von dem, was er nicht ist. Man könnte sagen: Durch oder im Menschen wird Gott erst zur Person. Und natürlich ist es äußerst fraglich, von Gott als von „ihm" zu sprechen. Die Vorstellung Gottes als männlich stammt ebenfalls aus der Zeit, die gerade in der Bibel beschrieben wird.

Kapitel 5: Exodus!

Inzwischen ist „Gottes Volk" durch unglückliche Umstände im Großreich der Ägypter angekommen, und zwar als Sklaven. Das ist ein ziemlich bekannter Teil der Bibel: Der Pharao begeht einen schrecklichen Mord an der gesamten männlichen Nachkommenschaft des Volkes Gottes, die sich inzwischen „Hebräer" nennen, weil er durch sie eine Bedrohung fürchtete. Ein Junge namens Moses überlebt den Anschlag durch eine List seiner Mutter und landet am Königshof. Er wächst dort als Adoptiv- Prinz bei der Königstochter auf. Als er als junger Mann beobachtet, wie sein Herkunftsvolk von den Ägyptern gepeinigt wird, tötet er einen Soldaten und muss fliehen. Warum der allmächtige Gott die Hebräer, die er mit dem Auftrag, ins verheißene Land zu ziehen, nicht vor diesem Schicksal bewahrte, kann nicht einwandfrei erklärt werden. Von einem Segen für alle Völker sind die Hebräer gerade jedenfalls weit entfernt. Moses jedenfalls kommt als Hirte bei Nomaden – genauer gesagt, dem Stamm der Midianiter- unter und bekommt eine Tochter des Stammes- Vaters zur Frau.

Nun tritt „Gott" plötzlich wieder in Erscheinung. Als Moses gerade die Schafe des Schwiegerpapas hütet, spricht er aus einem brennenden Dornbusch zu ihm und erklärt ihm, dass sein Auftrag nicht weniger als die Befreiung seines Volkes aus der Hand der Ägypter ist. Alles klar. Dann mal los! Moses ist ahnungslos und fragt, mit welchem Gott er es denn hier zu tun habe: Was solle er den Hebräern sagen, wer ihn schickt? Und den Ägyptern erst? So klar war die Lage mit dem einen, allmächtigen Gott damals also gar nicht.

Gott verwies in seiner Antwort auf die Vorfahren des Moses: „Ich bin der Gott, der deinen Opa schon in die Wüste geschickt hat. Folge mir und genieße auch du unendliche, sandige Weiten für den Rest deines Lebens!". Nein, das hat er nicht gesagt, aber darauf lief es hinaus. „Ich werde sein, wer ich sein werde", beschrieb Gott sich selbst und stellte sich bei der Gelegenheit –übrigens zum ersten Mal in der Bibel- mit „JHVH" vor. Kein bekannter Name, sondern eine Eigenschaft des Seins, der Existenz an sich. „Ich werde der sein, den ihr aus mir macht" hätte er im Spiegel der Vergangenheit auch sagen können. Wo versteckt sich Gott also? Sein Spiel scheint gut zu funktionieren…

Die Befreiung läuft nicht glatt, das ist bekannt. „Dafür habe ich dich bestehen lassen, um dir meine Macht zu zeigen!", lässt Gott Pharao wissen, wie wir im Kapitel 10 des 2. Buchs Mose lesen. Eine seltsame Vorstellung, dass Gott seine Macht Menschen zeigen muss. Zumal er selbst dafür sorgt, dass sie sich nicht ändern: „Gott ließ das Herz des Pharao verstockt werden", heißt es etwas später. Da hatte er wohl Pech, der Pharao. Dessen Schicksal stand fest;

besser legte Gott sein Schicksal fest- um „seine Macht" zu demonstrieren.

Warum nicht seine Liebe? Warum hat er die Ägypter nicht erkennen lassen wer er ist und alle hätten gemeinsam eine riesen Party gefeiert und sich lieb gehabt?

Vielleicht weil es noch nicht so weit war. Die Entwicklung der Moral des

> Unter dem Begriff „Moral" versteht man das Handeln im Spektrum zwischen nützlich und schädlich.

Menschen war noch nicht auf dieser Stufe angelangt und daher auch nicht die Moral des „Spiegel- Gottes", der immer eine Abbildung seiner Anbeter ist. Dieses „Spiel-Level" war noch nicht erreicht. Noch immer ging es um „Stärke", Macht und Überlegenheit. Das forderte wieder Opfer. Zuerst sendet Gott die berühmten zehn Plagen über Ägypten. Und wieder werden

Tausende sterben, wenn das rote Meer über dem ägyptischen Heer zusammenbricht.

An dieser Stelle können wir feststellen, dass Leid und Schmerz gute Lehrer sind. Sie zeigen, was das Böse ist. Sie lehren uns, was wir *nicht* wollen. Allerdings ist das *Vermeiden* von Leid an sich noch nicht die Lösung und damit noch nicht das Ziel des Spiels. Auf zum nächsten Level!

6. Kapitel: Gesetze und Opfer

Die Euphorie der Hebräer hält nach ihrer Befreiung aus Ägypten nicht lange an. Sicher, das Leben in der Gefangenschaft war mühselig, aber im Allgemeinen ungefährlich. Jetzt standen Familien, die Häuser gehabt hatten, wieder als Nomaden in der Wüste. Und wieder war Gehorsam und Unterwürfigkeit gefragt. Denn sehr schnell stellte sich heraus, dass dieser Gott zwar mächtig war, aber auch gefährlich-sogar für die eigenen Reihen. Er hatte eine ausgeprägte Abneigung gegen jede Art Ekstase, rauschender Vergnügungen und ausgelebter Sexualität. All diese Merkmale finden sich, wie schon angedeutet, in Systemen, welche einen Kontrollwahn haben. Kontrolle ist immer das Werkzeug der *Angst*. Warum ist das so? Die Liebe kann *vertrauen*. Sie weiß, dass alles in einem sinnvollen Zusammenhang geschieht. Damit kann sie sich entspannen, weil sie sich sicher sein kann. Liebe braucht keine Bestätigung-sie ist ja selbst eine Quelle. Die Angst dagegen kann sich nie sicher sein. Deshalb muss sie *kontrollieren*. Je intoleranter ein System, umso mehr Kontrolle übt es aus. Heutzutage könnte man Länder wie China oder Nordkorea als Beispiel anführen. Damals war es auf jeden Fall das Volk der Hebräer, deren Gott seinen eigenen riesigen

Vertrauensmangel noch nicht überwunden hatte.

Nun bekam das Volk ein gewaltiges Gesetzesbuch, dass das alltägliche Leben im Detail regelte. Für alles gab es jetzt eine Vorschrift. Damit war dem moralischen Reifungsprozess für Jahrhunderte ein Riegel vorgeschoben worden. Das Leben wurde starr, weil spontane und freie Entwicklung unmöglich war. Impulse, Sehnsüchte und Verlangen wurden unterdrückt und erschufen dabei neues Böses, weil es an anderer Stelle wieder zum Vorschein, „kanalisiert" wurde, wie man das in der Psychologie nennt.

Der berühmte Psychiater C.G. Jung bezeichnete Persönlichkeitsanteile, die dauerhaft unterdrückt werden, als „Schatten". Diese Schatten werden dann nach außen projiziert, wo sie immer in

Anderen (oder in „der Welt") als böse Eigenschaften erkannt werden. Man selbst ist immer in Ordnung, doof sind immer die Anderen.

Außerdem beginnt nun ein sehr dunkles Kapitel biblischer Geschichte: das der Tieropfer. Neben der Verpflichtung, Gott persönlich regelmäßig Opfer in Form zu schlachtender Tiere zu bringen, wurden alltägliche und zu allen größeren Festen gewaltige „Gemeinschaftsschlachtopfer" erbracht. Man kann es sich nur schwer vorstellen, dass die Schlachthäuser moderner Fleischverarbeitungsbetriebe nicht an die Mengen von Tiermorden herankamen, die bei den Hebräern üblich wurden: der Großteil der Vieherden der Hebräer diente nicht der Nahrung, sondern als Schlachtopfer.

Eines ist klar: Dieser Gott ist kein Vegetarier. Wir erinnern uns: Das Opfer soll die Verbindung zu Gott wiederherstellen. Das wollten die beiden Söhne Adam und Evas schon. Wenn ein Tier geopfert wird, wird *Leben* genommen, etwas rein göttliches. Das rituelle Opfer hat viele Aspekte, die uns hier nicht interessieren. Nur sollten wir im Sinn behalten, dass es beim Tieropfer immer um das Vergießen von Blut ging. Blut ist das Sinnbild über die Hoheit über das Leben: Wer die Hoheit über das Blutvergießen hat, hat die Hoheit über Leben und Tod, die letzte und höchste Instanz im Ausdruck von Macht.

Ist denn nicht klar, dass der Schöpfer des Universums sowieso unbegrenzte Macht hat? Nur, wenn es hier *nicht* um den Schöpfer von Himmel und Erde geht! Denn: noch immer ist der hebräische Gott ein konkurrierender Stammesgott, der Anbetung und Opfer verlangt; etwas, was der allmächtige Schöpfer weder nötig hat noch verlangen müsste. Es wäre wie wenn ein Mann in der Schule beim Elternabend alle anderen Männer zum Kampf herausfordern würde, weil er beweisen wollte, dass sein Sohn recht hat und er selbst tatsächlich der Stärkste ist. Und zwar der stärkste Papa der Welt!

Durch das Opfern wird dem Menschen immer wieder deutlich gemacht, dass er mangelhaft ist und Erlösung braucht. Er ist von Geburt an einfach nicht genug, nicht gut genug. Er muss sein Recht auf seine Existenz immer wieder rechtfertigen. Die Erlösung ist deshalb nie endgültig, sondern der Mensch bleibt immer in Abhängigkeit. Er kann tun was er will, Gott nimmt ihn nur mit einem Opfer an. Das ist nicht wirklich gesund für das Selbstwertgefühl eines Menschen. Es ist der typische Vater, der immer sagt „ich hab dich lieb, *wenn* du...". Er liebt nicht, *weil ich so bin wie ich bin*. Bei Gott ist das noch seltsamer, weil er ja das Spiel so ins Rollen gebracht hat: Er hat das Scheitern in seine Schöpfung sozusagen eingebaut. So kommen wir also nicht weiter.

Der Mensch -und damit auch unser Hebräer vor 4000 Jahren- weiß und wusste von seiner Trennung von Gott- seiner Trennung von dem, was er selbst ist, als Schöpfung des Kosmos, als abgespaltener Teil dessen. Nun will er sich wie der Baron Münchhausen am „eigenen Schopf aus dem Sumpf ziehen". Wieder kann er nicht anders, als Gott so zu sehen, wie er sich selbst betrachtet.

Er versteht noch nicht, dass Liebe in der Lage ist, die Dinge (und die Menschen) so zu sehen, wie sie *sind* und nicht, wie sie sein *sollten.* Deshalb muss er Angst haben. Angst davor, nicht zu genügen, bestraft zu werden. Wie wurde man aber der Angst Herr? Durch Opfer. Diese Vorstellung hielt sich noch lange.

Kapitel 7: Heroen, Epos und Königreich

Leider verspielen sich die Israeliten ihren Traum vom verheißenen Land, weil sie einmal Zweifel an der Stärke ihres kampfeslustigen Gottes haben. Bescheidene 40 Jahre dürfen sie dafür die Wüste genießen, so die Geschichte. Die Überlieferer solcher biblischen Geschichten, die übrigens nur und ausschließlich durch sich selbst und keinerlei archäologischen Funde gestützt werden, wussten wohl um die logische Schwierigkeit zu erklären, wie man tausende oder gar zehntausende (manche sprechen sogar von Millionen) von

Menschen in der Wüste versorgt. Die Herausforderung wird elegant durch das „Manna", ein essbares Pulver, welches täglich vom Himmel fiel, gelöst. Dadurch wurde gleich mit-bewiesen, wie mächtig und liebevoll der sonst so nachtragende Gott ist.

Anscheinend gab es aber nur eine Geschmacksrichtung des „Manna" und die Vorstellung, länger als ein paar Tage dasselbe Zeugs zu essen, lässt den Verdacht auf Sadismus aufkommen. Zumindest aber muss in der Zeit die Fähigkeit des Kochens völlig abhanden gekommen sein. Wer weiß, vielleicht gab es Manna- Rezepte, die untereinander ausgetauscht wurden? Mannaburger, Mannaschnitzel, Mannakekse, Mannapizza...

Auf jeden Fall ist der symbolische Charakter der Geschichte unübersehbar und wir wollen ihn nicht unberücksichtigt lassen: Die Wüste ist ein Symbol für das Nicht-Zuhause- Sein, das Getrenntsein von Gott. Sie stellt das Gefühl des Verloren- seins dar. Auch in diesem Zustand versorgt Gott sein auserwähltes Volk mit dem Nötigsten: Er lässt es eben nicht völlig im Stich. Die Zahl 40 hat ebenfalls eine hohe Symbolkraft in der Bibel und sie begegnet uns dort oft: 40 Tage regnete es bei Noah, 40 Tage blieb Moses auf dem Berg Sinai um von Gott das Gesetz zu bekommen, und schließlich hier: 40 Jahre mussten die Israeliten durch die Wüste wandern. Warum die Zahl 40? Sie wird gebildet aus dem Produkt von 4 und 10. Die 4 steht dabei für das Weltumspannende, Irdische und Vergängliche. Sie symbolisiert traditionell die vier Himmelsrichtungen, die vier Elemente Feuer, Erde, Wasser, Luft, die Lebensphasen Kindheit, Jugend,

Erwachsensein, Alter. Die 10 gilt als Zahl des in sich Vollendeten, Ganzen: Sie ist die Summe der ersten vier Ziffern 1 + 2 + 3 + 4, bezeichnet die Zahl der Finger und gilt als Symbol des Kreises. Wir finden sie auch in Zahl der Zehn Gebote und der Zehn Plagen in Ägypten.

Doch weiter in der biblischen Geschichte! Die Umherzieherei in der Wüste hinderte die Hebräer nicht daran, immer wieder Völker anzugreifen und diese erheblich zu dezimieren. Der göttliche Plan wollte das eben so. Der Hausherr, Gott, hatte quasi „Eigenbedarf" angemeldet und die alten Mieter flogen raus. Klar, die waren allesamt ziemlich böse. Einfach ausnahmslos schlecht. Des Todes wert. Als Schöpfer muss man nicht so genau mitzählen, da macht ein Volk mehr oder weniger nichts aus. Wir erinnern uns: Im 20. Jahrhundert dachte ein gewisser Österreicher ähnlich und legte Europa in Schutt und Asche.

Herr sein über Leben und Tod: Kamen den Hebräern Zweifel oder hatten sie keine Lust mehr auf Wüstenexpedition oder böse Länder überfallen, mussten sie selbst mit härtesten Strafen rechnen. Einmal beschwerten sie sich über die Wüstenwanderung und Gott sandte zu ihrer Beruhigung giftige Schlangen, und die Menschen starben an deren Bissen. Als sie um Gnade flehten, musste der Führer Moses eine Kupferschlange herstellen, welche die Leute anschauen mussten um geheilt zu werden. Wieder ein Akt der Huldigung, wieder erscheint die Schlange als Symbol der höheren Erkenntnis und der veränderten Beziehung des Menschen zu Gott.

Man könnte (sozusagen psychoanalytisch) sagen, dass die Hebräer nicht ihre Angst überwunden und sich befreit hatten von ihrer einengenden, gewalttätigen Gottesvorstellung. Sie ließen sich wieder klein machen und folgten ihrem kleinlichen Gottesbild. Dieser Teil der Bibel ist nun angefüllt mit Launen Gottes, vor denen niemand sicher war. Gott schien selbst ständig Angst haben zu müssen: Davor, dass die Leute ihn vergessen, dass sie ihn nicht mehr so toll fanden, oder nicht mehr so mächtig usw. Angst begegnet man gerne mit gespielter Stärke und Kampfesmut. Das kennen wir alle aus der Schule. Und genau so geht es nun weiter.

Es folgt die Zeit der Heldentaten. In der Tiefenpsychologie ist das die Zeit, in der der immer reifer werdende Mensch zwar noch in der Welt seiner Ängste gefangen ist, diesen Ängsten aber zunehmend bewusst entgegentritt. Er nimmt den Kampf auf. Die mittelalterlichen Sagen von Begegnungen mit Drachen und anderen Ungeheuern haben solch eine Bedeutung.

Wir finden die Zerstörung Jerichos, als dessen Stadtmauern durch Gottes Hand einfielen: Nichts hält diesem Volk und seinem starken Gott stand, so die Botschaft. Auch wird die gesellschaftliche Ordnung des *Patriarchats* – also der Herrschaft durch den Mann als der Frau übergeordnet – immer deutlicher. Der Mann als Held, Versorger und enger Vertrauter Gottes kauft Frauen, er „besitzt" mehrere wie der heutige Mann Autos. Das Ganze spitzt sich dahin gehend zu, dass die Hebräer (jetzt „Israeliten" genannt) nach einem König verlangten. Es braucht einen (natürlich männlichen) Repräsentanten Gottes auf der

Erde. Sie sind nämlich inzwischen kein Nomadenvolk mehr, sondern im Gebiet des heutigen Palästina sesshaft geworden.

Der erste Versuch mit König *Saul* scheitert, weil dieser die Gunst Gottes verspielt. Sein Nachfolger bietet wieder Stoff für Mythen: *David*, ein Hirtenjunge, der den Riesen Goliath mit einer einfachen Steinschleuder tötet.

Er ist gleichzeitig ein Schöngeist, ein Poet und Musiker. Damit wird die nächste Stufe männlicher Identität und Reife angedeutet: der sinnliche Mann, der nicht nur „draufhaut", sondern auch in der Welt der Gefühle zuhause ist. Aus dem Nomadenvolk ist eine *Kultur* geworden. Ihr Gott ist nun weniger unberechenbar, Wutausbrüche kommen nicht mehr vor. Im schlimmsten Falle entzieht er seinem Volk „den Segen" und es unterliegt seinen Feinden im Kampf.

Immer noch ist „Gott" ein Spiegel der psychisch- mentalen Entwicklung seines Volkes. Der Segen für „alle Völker", der Abraham prophezeit wurde, steht aber noch aus. Und wir sind ungefähr in der Mitte der Bibel angekommen.

Aber das Königreich Israel erblüht. Auch wenn die Belege der Archäologie dafür erstaunlich dürftig sind; die Bibel schmückt die Pracht Israels kräftig aus. David selbst „besaß" mehrere hundert Frauen, die Königin von Saba kam eigens, um sich der Pracht seines Reiches zu vergewissern. Instagram und Facebook gab es eben noch nicht.

Davids Nachfolger *Salomo* übertrifft ihn in der Entwicklung um einen weiteren Schritt: Er ist nämlich weise. Das ist die Mischung aus guter Bildung, Intelligenz und Erfahrung. Ein Meister Yoda. Oder Gandalf. Das hat wieder eine symbolische Bedeutung, denn damit ist eine weitere Stufe *männlicher Entwicklung* erreicht. Und nur um die geht es in einer patriarchalen Gesellschaft. Frauen sind nett anzuschauende und praktische Dekoration, ehrbar sicher, aber weitestgehend rechtlos. Natürlich wird Gott daher nicht als geschlechtslos sondern als rein männlich gedacht- eine Vorstellung, die tausend Jahre später ein gewisser Paulus immer noch heftig verteidigte.

Wie es aber am Hofe so üblich ist, gibt es eine Menge Intrigen und Verschwörungen, die auch in den weiteren Jahrhunderten andauern. Es gibt keinen nennenswerten Unterschied zwischen Israel und anderen Völkern in dieser Zeit. Nichts über-irdisches geschieht. Schließlich muss sich Israel den Babyloniern unterwerfen und gelangt dorthin in Gefangenschaft- eine Situation, in der „Gottes Volk" bekanntlich ja schon einmal war.

Kapitel 8: Die Propheten

Während Israel verschiedene Epochen und Dynastien durchmacht und mal unter einem guten, mal unter einem weniger klugen

König als kleine Nation inmitten bedeutender Weltreiche wie Ägypten oder Persien lebt, bleibt sein Selbstverständnis als auserwähltes Volk Gottes erhalten. Die Hauptstadt ist Jerusalem, das früher „Salem" hieß. Unter dem dritten König Israels, dem weisen Salomo, wird ein Tempel errichtet, und zwar nach dem Vorbild der Stiftshütte, die in der Zeit der Wüstenwanderung als Anbetungsstätte diente. Da es jetzt nichts mehr einzunehmen galt, war die Frage nach dem „Segen für alle Nationen" akut wie eh und je. Es entwickelt sich eine Kultur des Geistes, Poesie erblüht. Nun finden wir in der Literatur von damals die „klassischen" Themen: der kriegerische, siegreiche Gott, schöne Frauen, der gerechte Kämpfer oder Krieger. Die Bibelbücher der Psalmen, der Sprüche (Kohelet) oder das Hohelied sind in dieser Zeit entstanden.

Der direkte Kontakt zu Gott wird durch seine „Propheten" aufrechterhalten. Je nachdem, wie sich das Volk benimmt, machen die Propheten klar, wie es gerade bei Gott dasteht. Über Jahrhunderte gelingt es anscheinend nicht, sich dauerhaft Gottes Gunst zu erfreuen. Das kommt uns inzwischen bekannt vor? Verständlich. Es scheint doch in der Wesensnatur der Menschen zu liegen, eigene Wege zu gehen.

Allerdings zerreißen innere Unstimmigkeiten in politischen und religiösen Fragen Gottes Nation, so dass ein Nordreich (Juda) und ein Südreich (Israel) entstehen, die jeweils eigene Könige haben. Im Nordreich betet man auch mehrere Götter an, deshalb konzentriert sich die biblische Geschichte wohl zentral auf Israel, wo ausschließlich JHVH (Jahve/ Jehova) angebetet wird, den wir nun inzwischen gut kennen.

Besonders die Assyrer und die Babylonier machen Israel zu schaffen. Und als Israel mal wieder Gottes Gunst verloren hat, nahmen die Babylonier Jerusalem ein und zerstörten es. Gottes Liebe war also wieder an Bedingungen geknüpft. Israel erfüllte diese Bedingungen nicht und musste in die Gefangenschaft nach Babylon, um dort als Sklaven das dortige Sklaven-Personal aufzubessern.

In dieser Lage ist es verständlich, dass das ganz große Thema auf den Tisch kommt: Befreiung! Erlösung! Wie war das? Warum war Großvater Abraham aus seiner Heimat von Gott losgeschickt worden? Das auserwählte Volk sollte doch für alle Nationen zum Segen werden!

Der Prophet *Jesaja* brachte die frohe Botschaft: nicht nur Befreiung sollte stattfinden, sondern auch Heilung für Blinde und Taube, die Wüste würde blühen und die gebratenen Tauben direkt in den Mund fliegen. Das war es! Die Befreiung Israels wäre das Zeichen, dass der Schöpfer von Himmel und Erde ein kleines, aber auserwähltes Volk nutzt, um die Welt wieder in ein Paradies zu verwandeln, um den Urzustand wieder herzustellen, aus dem Adam heraus gefallen (oder geflogen) war.

Und so ist das Bibelbuch Jesaja angefüllt mit der Ausschmückung überirdischer Wundertaten Gottes, wenn dieser sein Volk befreien würde. Zwar war es ein Überfall des vereinten Reiches der Meder und Perser, die Babylon besiegten und die Befreiung ermöglichten- der aber natürlich von Gott selbst inszeniert war. Aber das hinderte keinen Hebräer daran, an die blumigen Prophezeiungen zu glauben, die Gott in Aussicht gestellt hatte.

Und dann war da noch die Prophezeiung vom *Messias*, dem besonderen Menschen, von dem schon Abraham zu hören bekam. Die Propheten Daniel und Jesaja sprechen wiederholt von diesem Messias, ohne genau zu sagen, was der eigentlich machen soll. Klar, erst einmal geht es um die Befreiung aus dieser Gefangenschaft. Wie sich herausstellte, war das aber nicht der Verdienst eines Messias. Auch Kranke wurden nicht geheilt und die Wüste blieb Wüste.

Die Propheten hatten überhaupt einen schweren Job. Sie mussten den Untergang verschiedenster Reiche verkünden, die Bosheit des eigenen Volkes anprangern,

Gottes Größe und Güte preisen, sich mit anderen Propheten herumärgern, die das Gegenteil der eigenen Botschaft prophezeiten- viele wurden verständlicherweise nicht alt.

Ein Prophet in dieser Zeit hatte eine ähnliche Aufgabe wie Facebook heute. Sie waren für den Newsfeed zuständig, es gab natürlich auch Fakenews, man konnte bei ihnen Freunde finden und sie waren von „oben" kontrolliert. Man konnte sie „liken", sie dienten der Unterhaltung und ab und zu war es sogar ganz nützlich, ihnen zuzuhören.

Mit göttlichen Offenbarungen ist es auch so ein Ding: Die Vorstellung, Gott wende sich exklusiv und direkt den Menschen zu, ist ja auch aufregend. Da hört man natürlich gerne drauf. Oder man sollte es, denn Offenbarungen Gottes sind dann „Diktate, die Geschenke sind- oder Geschenke, die Diktate sind", wie es Professor Peter Sloterdijk in seinem Buch „Nach Gott" scharfsinnig ausdrückt. Man hat dafür dankbar *und* gehorsam zu sein, alles andere ist lebensgefährlich.

Aber um was ging es im Kern? Heute Gunst, morgen Strafe? Erzählungen vom Paradies und Beschreibungen furchtbarer göttlicher Gerichte?

Schuld ist der Begriff, der sich in dieser Phase der moralischen Entwicklung findet. Adam war damit schon in Kontakt gekommen: als er von Gott mit seiner Tat konfrontiert wurde, schaute er auf Eva: Die war`s! Eva schaute auf die Schlange: Die war`s! Wie kleine Kinder verspürten sie das seltsame, unangenehme Gefühl, etwas falsch gemacht zu haben, ohne aber wirklich dafür Verantwortung übernehmen zu können. In der Zeit der Propheten mussten sich die Hebräer intensiv mit dem Thema Schuld auseinandersetzen. Immer wieder wurden sie beschuldigt und mussten lernen, dass zu Schuld immer Verantwortung gehört.

Zu Verantwortung gehört Reife, denn wenn ich nicht weiß, welche Folgen und welche Tragweite mein Verhalten überhaupt haben, kann ich keine Verantwortung dafür übernehmen. Ich bleibe ein geistiges Kleinkind. Aber wie auch Adam und Eva wollte man, statt Verantwortung zu übernehmen, lieber die Schuld weitergeben. Wenn jemand anderes Schuld ist, brauche ich selbst keine Verantwortung zu übernehmen! Es brauchte einfach neue Schuldige. Davon handelt das nächste Kapitel.

Kapitel 9: Ein neuer Mitspieler: Satan

Gesetze hielten die Menschen also nicht in Schach, Opfer führten zu keiner dauerhaften Erlösung. Die Erschaffung des „Bösen" hatte im Spiel inzwischen ein neues Level erreicht, das Böse bekam nun einen Namen:

Satan, der „Widerstandleistende" erscheint in der Geschichte der Bibel zum ersten Mal im Buch Hiob (das ist ungefähr in der Mitte der Bibel) als eigenständiges Wesen. Schon vorher ist des Öfteren von „Satanen" die Rede; gemeint sind dort aber Personen, die im Widerstand zu Gottes erklärter Mission stehen. Nun wird diese Funktion personifiziert: Der Teufel trat nun auf die Bühne der Geschichte.

Das war praktisch, denn nun musste Gott nicht mehr alleine verantwortlich sein für das ganze Pech und das Leid der Menschen. Es gab jetzt einen Gegenspieler Gottes, der alles verkörperte, was Gott selbst nicht sein konnte. Ok. Das ist unlogisch, denn: Wenn Gott wirklich Gott ist, *kann* er alles sein. Oder anders gesagt: Wenn Gott alles „erschaffen" hat, also wirklich alles, das Universum, die Photonen, die Dinosaurier, das Bewusstsein... dann hat er auch alles geschaffen, was dabei *herauskommt*. Es kann sich ja nichts Neues bilden, was nicht zumindest als Möglichkeit vorher da war. Als *Möglichkeit*: aus allen „wenn, dann`s". Hätte Gott also in seiner Allmacht ein „Scanprogramm" über seinen Schöpferplan laufen lassen, wäre ein rotes Blinklicht angegangen und hätte laut gepiept und „Achtung! Gefahr! Möglichkeit des Scheiterns! Möglichkeit des Leidens!" gerufen. Aber das wäre eigentlich nicht nötig gewesen, denn wie soll denn aus einem Schöpfer, der nur gut ist und gar nicht anders kann, etwas Schlechtes als Endergebnis herauskommen? Also kommen wir in eine Zwickmühle, denn: Entweder ist Gott nicht nur „gut" oder aber „Schlecht" ist gar nicht schlecht und wir haben`s nur noch nicht verstanden. Und wir erinnern uns:

ohne diese Möglichkeiten wäre Freiheit keine Freiheit.

Der berühmte Immanuel Kant stellte fest, „dass es Gott unmöglich war, das Böse zu verhindern ohne anderen höheren moralischen Zwecken Abbruch zu tun". Gott die Schuld für etwas „Böses" zu geben lässt also etwas Grundlegendes außer Acht: Ohne das Böse gibt es keine Möglichkeit, das Gute entstehen zu lassen. Der Mensch hätte keine Möglichkeit, eine wirkliche Moral zu entwickeln und sich dementsprechend zu verhalten. Wir selbst erschaffen Leiden und erfahren dadurch uns selbst- oder eben das, was wir wollen oder nicht wollen. Darin liegt Freiheit und letzten Endes unsere Würde als Menschen.

Aber zu Hiob. Eines Tages, so lesen wir im gleichnamigen Bibelbuch im 1. Kapitel im 6. Vers, gab es ein großes Treffen, im Himmel, direkt bei Gott. Dort erscheint ein gewisses Wesen und Gott will von ihm wissen, wo er sich denn herumgetrieben hätte. Das Wesen, Satan, wurde nicht frech und sagte etwa: „Weißt du doch. Bist doch allwissend...!". Er antwortete artig, dass er auf der Erde unterwegs war, ein bisschen Unfug treiben. Die beiden unterhalten sich nun über Hiob, der anscheinend wieder einmal der letzte gute Mensch auf dem blauen Planeten war. Sicher ist das nicht, aber es ging Hiob gut. Und Hiob wiederum war sich sicher, dass es ihm gut ging, weil er Gottes Segen hatte. Satan fing an, ein wenig herumzupöbeln und provozierte Gott: „Nimm ihm doch mal was weg, dann mag er dich auch nicht mehr!". Alle Anwesenden Engel haben jetzt vielleicht gelangweilt zur Decke geschaut und gedacht: „Gott weiß alles. Natürlich weiß er, ob Hiob nur wegen seinem Reichtum so fromm ist. Und außerdem würde unser untadeliger Schöpfer nie zulassen, dass dieser alte Stänkerer Satan dem guten Hiob was antut…!". Umso erstaunter dürften die Engelschaaren gewesen sein, als Gott sagte: „Denn mal los! Zerstör' ruhig sein Leben!".

Nur um das klar zu machen: Hier wettet Gott mit einem frechen Geschöpf, der anscheinend auch noch als Querkopf bekannt ist, ums Recht. Auf Kosten eines Menschen, der davon keine Ahnung hat. Es geschieht Hiob nicht einfach aus höherer Gewalt, sondern *durch* höhere Gewalt! Kein zufälliges Erdbeben, kein Meteorit, kein Pech mit dem prügelnden Nachbarn, nein- die Initiative Gottes, den Hiob als seinen Beschützer betrachtet. Sowas ist nicht nur Beihilfe zu einer Straftat, sondern auch ein Vertrauensbruch erster Güte.

Hiobs Reichtum wird durch Satan zerstört. Seine Kinder kommen ums Leben. Alles wird dem armen Hiob kurz nacheinander berichtet. Daher kommt übrigens der Begriff „Hiobsbotschaft".

Hiob erträgt die Verluste, ohne Gott die Schuld zu geben. Damit könnte man meinen, das Kapitel wäre erledigt und Gottes Lust, sich auf Wetten auf Kosten anderer einzulassen, wäre erschöpft. Doch nein! Satan setzt noch eins drauf: „Lass mich mal seine Gesundheit ruinieren, dann wirst` schon sehen...!". Alle schauen gespannt auf den Höchsten: das geht zu weit. Nichts ist es wert, dafür zu töten, erst recht nicht werden solche Intrigen am Hof Gottes geschmiedet. Oder? Gott verhindert es nicht. Er spielt die Wette mit.

Satan darf also Hiob selbst noch mit einer furchtbaren Krankheit schlagen. Auch da wurde Hiob nicht sauer, er verzweifelte nicht und gab Gott keinerlei Schuld.

Am Schluss bekommt Hiob neuen Reichtum und neue Kinder. Happy End? Als ob das den Verlust der Verstorbenen ersetzen könnte!

Die Erzählung gibt einen Einblick in die alt-orientalische Denkweise und ihre Werte. Insbesondere das patriarchische

Wertesystem wird deutlich: viele Kamele, viel Vieh überhaupt, viele Kinder= wohlhabend. „Gott hat es gegeben, Gott hat es genommen" – Inschallah, so sagt der Orientale noch heute. Es ist eine Geschichte, die einen Meilenstein in der Entwicklung der Moral darstellt. Wo Gott noch tausend Jahre früher ganze Völker ausgerottet hat, geht es inzwischen um Fragen des *persönlichen* Verhältnisses zu Gott. Der hebräische Mensch fühlt sich nicht mehr als Vollstrecker Gottes, sondern als Nutznießer seiner Gunst. Dafür belohnt er Gott mit seinem Segen und Reichtum.

Auch das Böse war in diesem Teil der Geschichte in eine neue Dimension gelangt. Der Mensch war jetzt auf der Erde Spielfigur einer göttlichen Wette. Warum Hiob nicht der erste und letzte Fall war, kann man nicht nachvollziehen. Satan durfte weiter quälen, in welchem Ausmaß ist unklar. Ab jetzt konnte man nie wissen, welches Leid, welche Katastrophe von Gott ausgingen. Zumindest war klar, dass er es nicht verhinderte. Warum eigentlich nicht? Er hatte die Wette doch gewonnen? Die Frage, ob ein Mensch auch noch Gott liebt, wenn er alles verliert, war doch nun geklärt?

Wir finden hier wieder das Motiv der Opfer. Nun bringt der Mensch keine Tiere mehr als Opfer für Gott, sondern *sich selbst*. Er leidet für Gott. Er fühlt sich ungenügend und daher in der Schuld Gottes stehend. Würde Gott das Spiel beenden und sagen: „Kinder, ich war es, der euch so erschaffen hat, wie ihr seid und ich liebe meine Schöpfung und besonders euch, weil ihr in meinem Bilde seid!", wäre der Mensch erlöst. Er würde aufhören zu glauben, dass er leiden muss, um Gott, seinem Übervater, zu gefallen.

Gott beendet das Spiel aber nicht. Er überlässt es dem Menschen, herauszufinden, wie das Spiel funktioniert. Und wir werden sehen, dass es gar nicht anders ging.

Und wir sehen, dass der Mensch im Laufe der Zeit immer wieder an seinem Verständnis über Gott gearbeitet hat. So kam „Satan" ins Spiel, Gott blieb „gut". Und der Mensch hatte eine Erklärung für das Unerklärliche und für das Leiden und das Böse auf der Welt. So kann auch die Bezeichnung „Luzifer" verstanden werden, was so viel wie „Lichtbringer" heißt: Der Teufel hebt den Menschen auf eine hohe Stufe, weil er dank ihm moralisch handeln und entscheiden kann.

Er war nun selbst gefragt: Von nun an hatte der Mensch einen Auftrag. Er musste unter Beweis stellen, dass er moralisch richtig handeln konnte auch unter widrigen Umständen. Der Mensch war zum „Anwalt" Gottes aufgestiegen, er war nicht mehr nur Spielball der kosmischen Willkür. Damit bekam sein Dasein einen höheren Sinn. Und darum geht es unentwegt: Was ist der Sinn? Der Mensch war jetzt zwar noch nicht wieder völlig Kind Gottes, wie es Adam anfangs war, aber immerhin dessen Interessenvertreter, sein Agent.

Kapitel 10: Der Messias

Bei den Propheten schält sich mit der Zeit ein zentrales Thema heraus: Gott wird Gericht üben. Das ständige Hin und Her mit „Israel ist lieb, nix passiert- Israel ist böse, Israels Feinde besiegen Gottes Nation" kann ja auf Dauer auch nicht den erhofften Segen für alle Nationen bringen. Der Fokus liegt nun immer stärker auf dem verheißenen

Erlöser, dem „Messias", was auf Hebräisch „der Gesalbte" bedeutet. Gesalbt wurde man, wenn man zum König ernannt wurde. Eine Reihe von Prophezeiungen beschreiben Einzelheiten dieses ersehnten Helden, des neuen Königs. Er sollte beispielsweise von einer Jungfrau geboren werden, was zweifellos die größte Herausforderung für ihre Erfüllung war. Außerdem sollte er vom heldenhaften König David abstammen.

Und so lesen wir im Matthäus-Evangelium als Einleitung einen langen Stammbaum, beginnend mit- natürlich: Stammvater Abraham. Dank der präzisen Verwaltungstechnik der damaligen Zeit (ok, das war ironisch) konnte also die Abstammung des Messias über verschiedene prominente Vorfahren wie König David genau zurückverfolgt werden.

An dieser Stelle muss man erwähnen, dass die Hoffnung auf eine göttliche Lichtgestalt, die die Menschen wieder mit Gott vereint, damals ziemlich in Mode war. Etwas weiter östlich entstand einige Zeit vor der Messias-Vorstellung der Hebräer der Mithras-Glauben, von dem allem Anschein nach eine Menge in unsere biblische Geschichte hineinfloss. Zum Beispiel feierte Mithras, der Erlöser, vor seinem Tod ein letztes Abendmahl mit 12 Jüngern, er predigte ein Gericht Gottes, machte die Taufe für Nachfolger notwendig oder lehrte die Auferstehung der Toten.

Man kann vielleicht sagen, dass die Zeit reif war für ein neues Verständnis über die Natur Gottes. Es war klar geworden, dass Menschsein auch bedeutete, zu leiden und schließlich zu sterben. Die bisherige Religion gab keine befriedigenden Antworten auf die

Fragen: *Was kommt nach dem Tod? Welchen Sinn hat das Leben? Was will Gott? Und vor allem: In welchem Verhältnis stehen wir zu diesem Gott?*

In der Bibel sind wir inzwischen bei einer wichtigen Stelle angekommen: Das „Alte Testament" ist zu Ende. Ungefähr 400 Jahre lang schreibt keiner an der Bibel weiter. Und plötzlich kommt ein Mann ins Spiel, der alles bisher Geglaubte und Dagewesene Infrage stellte: *Jeschua* oder Jesus aus dem im Süd-reich gelegenen Dorf Nazareth. Sein Stiefvater Josef war Zimmermann und die Umstände seiner Geburt kennt man aus der Weihnachtsgeschichte. Über seine Kindheit und Jugend ist nicht viel bekannt. Er überlebt einen Kindermord, den der herrschende König Herodes begehen lässt, weil dieser keine Lust hat, von einem prophezeiten neuen König um seine Macht gebracht zu werden. Wir erinnern uns: Genau das Gleiche ist übrigens auch Moses geschehen. Moses bedeutet „Geretteter", Jesus bedeutet „Retter". Und darum geht es erneut: Nicht nur um die Rettung eines Volkes aus sklavischer Gefangenschaft, sondern um die Rettung aus der Gefangenschaft menschlicher Existenz.

Jesus tritt in einer Zeit in der Provinz Galiläa auf, in der es die Menschen nicht gerade leicht haben, fröhlich Gottesdienst zu halten. Noch immer herrschen die strengen Opferregeln und werden von einer strengen Priesterschaft geleitet. Keine Heldentaten großer Könige werden vollbracht, Gott lässt keine anderen Götter durch Wunder alt aussehen, die Propheten erzählen nichts Neues. Israel wurde inzwischen auch noch von Rom besiegt und unterworfen. Zeit also für einen *Befreier*. Mit seiner Geschichte beginnt das sogenannte „Neue Testament".

Kapitel 11: Warum kam er?

Einer der wirklich respektablen Propheten der Epoche war Johannes der Täufer. Man nannte ihn so, weil er den Brauch der *Taufe* eingeführt hatte: Das Untertauchen, den „alten" Menschen ablegen und „neu" und gereinigt vor Gott erscheinen. Das Opfer war man nun selbst. Man „stirbt" und kommt zurück ans Licht. Es ist also das bewusste herbeiführen der eigenen Transformation, der Umwandlung zum gottgeweihten Menschen.

Jesus besucht also Johannes, um sich taufen zu lassen. Er tut es symbolisch, als Zeichen seiner „Initiation", als Markierung des Beginns seines Wirkens. Danach geht er für 40 Tage in die Wüste- wir erinnern uns an die Symbolik der Zahl! Eine göttliche Initiation also, bei der Jesus einige Visionen hatte, in welchen ihm der Teufel erschien. Von dem hatte man übrigens seit Hiob nichts mehr gehört. Der Teufel ist eine neuere Bezeichnung für Satan: er verkörpert alles, was der Mensch bei sich nicht gerne finden möchte. Bei ihm ist alles Schlechte und Unerwünschte „ausgelagert" worden. In der hebräischen Mythologie ist der Teufel ein ehemaliger Engel, der, weil er so eitel war, nun die ganzen lästigen, aber nötigen Jobs machen muss. Er darf sogar den Gegenspieler Gottes verkörpern. Getrost darf man ihn auch für alles Leid verantwortlich machen, da muss der Mensch nicht selbst für Frieden sorgen: damit ist schon eine ganze Menge Schuld entsorgt.

Ob Jesus in den 40 Tagen in der Wüste seinen eigenen „Schatten" begegnete oder dem verkörperten Bösen, der ihn versuchen wollte, es sich nicht ganz so schwer zu machen, können wir offen lassen. Jesus war entschlossen. Er wollte beweisen, dass dieses Böse, dieser Teufel, keine totale Macht über den Menschen hatte.

Der Teufel gab also auf und Jesus begann mit der Arbeit. Mit welcher Arbeit?

Im Grunde ist die Antwort einfach. Er wollte den Menschen nur ein paar grundsätzliche Dinge in Erinnerung rufen: Alle Menschen sind Kinder Gottes und damit Teil von ihm. Rache, Hass und Wut sind sinnlos. Materielles macht alleine nicht glücklich. Alles Böse hat seine Ursache in uns selbst. Alles, was geschieht, erschaffen wir letzten Endes selbst. Der Tod ist nicht das Ende. Wir sind tief in uns mit dem Schöpfer verbunden. Wir sind wertvoll, so wie wir sind und eine hohe Moral (also „richtiges" Verhalten) ist die *Folge* und nicht die *Bedingung* dieser Erkenntnis. Liebe ist die Lösung aus jedem Konflikt. Vergebung und Mitgefühl ersetzen alle Gesetze. Das war's.

Exkurs: Die „Sünde"

Wer sich mit der Bibel und Religion befasst, kommt am Begriff der „Sünde" nicht vorbei. Überall geht es um „Erlösung von Sünde". Die „Erbsünde" ist die Idee, dass alle Menschen mit der Schuld Adams belastet sind. Damit wäre unser ganzes Leben mit dieser Alt- Schuld belastet. Allerdings würde das auch bedeuten, dass wir gar nicht anders könnten, als Fehler zu machen. Wir könnten uns nie selbst befreien oder Gott „beweisen", dass wir „gut" sind. Gott müsste nach diesem Verständnis das „Experiment" sofort beenden, würde er sich nicht am Leid schuldig machen wollen, welches die Menschen aufgrund ihrer „Erbsünde" andauernd verursachen. Das ist also ein unlogischer und deshalb unbefriedigender Ansatz.

Wie könnte man Sünde also besser verstehen? In der Bibel taucht der Begriff zum ersten Mal bei dem Mörder Kain auf, der seinen Bruder erschlug. Gott warnte ihn und sprach von Sünde. Zu leicht könnte man meinen, Sünde wäre es, Gottes Gebote nicht zu halten. Gebote gab es aber zur Zeit Kains noch gar nicht. Sünde muss etwas mit dem Gewissen zu tun haben, also dem inneren „Kompass" im Menschen, der zwischen richtig und falsch unterscheiden kann. Wenn wir nämlich berücksichtigen, dass „Gottes Gebote" nur Krücken, also Hilfsmittel waren, weil die Menschen nicht selber kapierten, wie Mitgefühl, Rücksicht und Nächstenliebe funktionierten, wird es deutlicher: Sünde ist das Fehlen praktischer Liebe- so zumindest ließe sich der Begriff deuten.

Wer liebt, kann nichts Schlechtes tun oder jemandem absichtlich Schaden zufügen. Wer liebt, weiß, dass der andere auch Teil der Schöpfung Gottes ist. Wenn ich der Schöpfung schade, schade ich mir indirekt selbst. Damit ist klar, dass Sünde von Gott „trennt", dass sie den Tod bedeutet: Sünde hat keine Zukunft, sie bewirkt das Gegenteil von Leben und Lebendigkeit. Sünde ist also etwas anderes als einfach „ungehorsam" zu sein. Man könnte sagen, dass sündigen heißt, mit der Schöpfung, mit dem Gesamtorganismus „Erde" nicht in Harmonie zu sein.

Das genügte den Menschen nicht (und es genügt ihnen auch heute nicht immer). Sie wollten eine Erklärung für die Ursache des Schuldgefühls. Diese Ursache war also *die Sünde*. Jetzt hatte man etwas handfestes, wovon man befreit oder „erlöst" werden konnte. Wir sehen: Durch ein solches Verständnis von „Sünde" konnte man wieder einmal die Verantwortung abgeben, eine Neigung, die der Mensch anscheinend nie ganz los wird.

Weil es dem Menschen auch nie gelang, ganz und gar „fromm" oder fehlerfrei zu sein (immerhin machte das Böse so viel Spaß…), entwickelte sich die Lehre von der „Erbsünde". Prototyp Adam hatte „gesündigt" und sich damit aus der Einheit mit Gott abgespalten. So hatte er allen Nachkommen das fehlerhafte „Programm" sozusagen „vererbt": Das ist die Lehre der „Erbsünde". Die sollte nun rückgängig gemacht werden. Die (Tier-) Opfer waren solch ein Versuch und sind es in vielen Religionen noch heute. Wie wir sehen werden, hatte Jesus einen einfachen Weg zur „Erlösung" im Gepäck.

Kapitel 12: Endlich wieder Wunder!

Natürlich wäre es schwer gewesen, jemandem zu glauben, der einen einfachen Weg zur Erlösung predigt. Immerhin war man gewohnt, dass man selbst nie o.k. war, dass alle anderen Menschen außerhalb Israels sowieso des Todes waren, und Liebe etwas ist, zu was man laut dem Gesetz von Mose „verpflichtet" ist („Du *sollst* deinen nächsten lieben..."). Also musste ein bisschen nachgeholfen werden um zu beweisen, dass man im Auftrag Gottes unterwegs war. Wunder funktionieren da natürlich besonders gut.

Das erste Wunder von Jesus war die Erzeugung von Alkohol. Auf einer Party, genau genommen auf einer Hochzeit. Man könnte daraus schließen, dass Jesus Wert darauf legen wollte, es sich gut gehen zu lassen. Vor aller Geistigkeit: „Have Fun!".

Der strenge und launische Gott der Vergangenheit bekam dadurch ein neues Gesicht.

Die meisten Wunder waren aber Heilungen. Jesus heilte wann immer möglich kranke Menschen. Dabei fällt auf, dass er wiederholt sagte, dass es der Mensch selbst bzw. dessen Glaube war. Der *Glaube* heilte also? Umgekehrt kennen wir das alle: Jemand, der sagt, er habe sowieso immer Pech, hat das auch. Jemand, der sagt, er verliere immer, verliert immer. Jemand, der sagt, er sei immer an allem schuld, wird immer die Schuld bei sich finden, usw. Es gibt endlos viele Beispiele, was Glaube mit der Wirklichkeit eines Menschenlebens machen kann. Wenn ich glaube, dass der Arzt mir sowieso nicht helfen kann, werde ich ganz sicher nicht gesund werden. Anscheinend braucht Glauben also immer ein Objekt, an das sich eine Überzeugung klammern kann, sowohl positiv als auch negativ.

Jesus führte genau das den Menschen vor Augen.

Welchen Glauben also predigte Jesus, wenn er sagte: „Dein Glaube hat dich gesund gemacht!"? Dieser Glaube hatte nichts mehr mit der naiv- kindlichen Vorstellung der Hebräer zu tun, die glaubten, dass ihr Gott der einzig Wahre und Mächtige war und dass Gehorsam erwünscht und Ungehorsam lebensgefährlich war. Jesus tat das Gegenteil: Nicht das eifrige Einhalten der vielen Gebote (die er selbst des Öfteren brach) waren für ihn ein Zeichen von Glauben. Genau genommen verwarf er so ziemlich alle Tradition, alles was bisher den Glauben und das religiöse Verständnis des „Volkes Gottes" gebildet hatte. Seine Botschaft war eine andere. Sie lautete: Es gibt keine Mauer zwischen Gott und dir. Ausgerechnet die Hüter des heiligen Gesetzes Gottes, die Inhaber und Mittler des Segens Gottes griff er an: die Priester, die sich selbst als Vermittler zu Gott sahen.

In Jesus Verständnis von Glauben gab es keine menschlichen Vermittler mehr zwischen Gott und uns. Der Mensch trägt „das Gesetz Gottes" in sich selbst. Wenn er das begreift, handelt er automatisch anständig. Damit braucht er kein Gesetz mehr. Jesus war selbst mit seinem Vorbild der Vermittler. Daher betonte er die Liebe, denn wenn jemand aus Liebe handelt, schadet er automatisch niemandem mehr, sondern handelt zu dessen Wohlergehen. Ganz einfach. Eigenschaften wie Heuchelei, Gier, Egoismus verurteilte er scharf und betonte Ehrlichkeit, Rücksicht, Demut, Vertrauen und Vergebung.

Der Glaube, den Jesus predigte, war ein praktischer Glaube an die Macht des menschlichen Geistes und dessen Fähigkeit, „Früchte hervorzubringen", das heißt, Ergebnisse zu erschaffen, die zu diesem Geisteszustand passten. Dieser Glaube gab dem Einzelnen wieder die Macht und

Hoheit über sein Leben zurück. Damit gab er den Menschen Freiheit zurück. Es war ein Glaube, den man nicht erfüllen, sondern *leben* musste. Jeder spürt ihn selbst in sich, denn jeder glaubt ja bereits: Der Glaube ist ein Spiegel, er ist die Summe dessen, der ich jetzt bereits schon bin.

Die Wunder von Jesus demonstrierten das: Dein Glaube ist deine Überzeugung über dich selbst und über das, was du vom Leben denkst!

Kapitel 13: Das Reich Gottes

In den Lehren Jesu lässt sich ein zentrales Thema feststellen: Das „Reich (oder Königreich) Gottes". Für die Hebräer war das sehr attraktiv: Seit Jahrhunderten war es ihr Selbstverständnis, als Nation das Königreich Gottes zu bilden. Hatte nicht Gott selbst Urvater Abraham zu diesem

Zweck losgeschickt? Ja, lebten die Israeliten denn nicht schon im „Reich Gottes"? Was lag also näher, als genau diese Sehnsucht als Analogie, also als Vergleich, zu benutzen, wenn Jesus nun predigte? Wäre Jesus bei den Kelten erschienen, hätte er natürlich von Walhalla erzählt.

Um was geht es also bei diesem Reich Gottes? Wenn Jesus vom Reich sprach, so tat er das immer in Geschichten und Vergleichen. Keine Einzige davon hat Merkmale eines buchstäblichen Königreiches. Das ist nicht schlimm, denn offenbar ging es bei dem Begriff hauptsächlich um einen „Aufhänger", mit dem die Leute begrifflich etwas anfangen konnten und der an ihr religiöses Verständnis anknüpfte. Es war damals ein passendes Bild, denn es ging um Befreiung. Natürlich wünschten sich seine Zuhörer in erster Linie die Befreiung von der demütigenden Besetzung durch die Römer, zurück ins legendäre Zeitalter eines Königs David oder Salomo.

Aber darum ging es bei Jesus nicht mehr. Nicht die irdischen Kämpfe, das Endliche, die Macht oder der Ruhm waren sein Thema. Er hob Religion und Glaube auf eine neue Stufe.

So lesen wir beispielsweise in der berühmten Bergpredigt, dass das Reich Gottes wie ein „Samenkorn" im Menschen wirkt, oder wie ein verborgener Schatz. Es wird mit einer Hochzeitsfeier verglichen und man kann es „aufnehmen wie ein kleines Kind". Auch muss man es „beständig suchen". Es kann einen aber auch „einholen" (Luk. 12:31,11:20).

Das Reich Gottes ist also möglicherweise ein Symbol, ein Sinnbild für eine höhere Wirklichkeit. Für welche? Das Reich Gottes *ist die Erfahrung Gottes im einzelnen Menschen*- so könnte man es knapp fassen. Wir wurden in „seinem Bilde gemacht". Gott ist deshalb in jedem von uns anwesend. Er schaut aus unseren Augen. Es ist die Lösung des Versteckspiels Gottes. Durch uns verwirklicht sich Gott. Wie auch sonst? Jesus löst das Rätsel auch selbst auf: „Dies aber ist das ewige Leben, dass sie dich, den allein wahren Gott, und den du gesandt hast, Jesus Christus, erkennen" (Joh. 17:3), „wer Glauben an den Sohn ausübt, hat ewiges Leben" (Joh. 3:36). Das „ewige Leben" ist also schon da. Ewiges Leben ist nicht der Wegfall des physischen Todes. Sonst würden wir wohl noch heute einige der Jünger Jesu kennen, oder?

Da Nichtexistenz –also der Tod-Eigenschaften sind, die der Natur Gottes entgegengesetzt sind, ist ewiges Leben eine Eigenschaft des Göttlichen- und damit von uns. Nicht in der materiellen Welt, denn die ist ja „dualistisch": Werden und Vergehen sind ihre Merkmale, also etwas, was Gott ohne diese materielle Schöpfung gar nicht erfahren kann.

Erkennt man also, wer man wirklich im Kern ist, erkennt man automatisch auch das „ewige Leben". Dieses „heilige Geheimnis" (Mark. 4:11) verstanden anfangs selbst die Apostel nicht, was Jesus sehr bedauerte. Wäre das Reich Gottes einfach ein kommendes neues Reich gewesen, wäre es ein leichtes gewesen, das zu erklären. Stattdessen sagte er klar und deutlich: „Das Reich ist inwendig in euch" (Luk. 17:21). Das Reich Gottes war schon immer da, denn es ist „seit Gründung der Welt bereit" (Matth. 25:34).

Puh, das war wirklich etwas Neues. Durch Jesus hat also Gott sein Versteck kurz verlassen um zu sagen „Hallooo: ich bin`s! Du und ich, wir sind`s...!"

Das zu erkennen, macht logischerweise frei von allen Gesetzen und allem elitären „Auserwähltsein". Deshalb sagte Jesus „Ihr werdet die Wahrheit erkennen und die Wahrheit wird euch frei machen" (Joh. 8:32). Das *Erkennen* befreit also vom Müssen, also vom Zwang. Denn: Habe ich das erkannt, beginne ich selbst die volle Verantwortung für mich zu übernehmen. Schuld ist dann nichts mehr erdrückendes, sondern Schuld ist nur noch die *Folge* meines Handelns. Übernehme ich die Verantwortung für mein Handeln, erlöse ich mich selbst von der Schuld. Es braucht keinen Dienst mehr und keine Opfer, denn wenn ich verantwortungsvoll lebe, lebe ich automatisch hoch moralisch, weil ich niemandem mehr Schaden zufüge. Ich werde nicht mehr schuldig, und wenn doch, kann ich die Konsequenzen tragen und den Schaden ausgleichen. Ich suche die Schuld nicht mehr woanders. Das wäre auch das Ende der „Sünde".

Jesus verkörpert also die höchste moralische Entwicklungsstufe. „Wer mir nachfolgen will, nehme sein Kreuz auf" heißt es im Lukasevangelium 9:23. Das „Kreuz" ist das Symbol der Eigenverantwortung. Ein Leben in voller Verantwortung trägt man alleine; da ist niemand mehr, der vermittelt oder einem etwas abnimmt, niemand, der einem erklären muss, was richtig und falsch ist. Das ist echtes Erwachsensein.

Selbst der Teufel verliert seine Funktion als letzter Inhaber der Schuld. Das zeigt eine Begebenheit, bei der ein Jünger namens Petrus es zu gut mit Jesus meinte und beschwichtigend auf ihn einredete, als dessen grausamer Tod nahte. Jesus sagte zu Petrus: „Tritt hinter mich Satan! Du bist für mich eine Ursache des Strauchelns!" (Matth. 16:36). Nein, der Teufel war nicht in Petrus gefahren und hatte den Ärmsten als Kostüm benutzt. Der Teufel ist die Summe des Bösen, und das Böse ist dasjenige Bewusstsein, welches die Grundprinzipien des Guten nicht verstanden hat.

Es gibt natürlich noch eine Reihe anderer Vorstellungen von dem, was dieses Reich sein soll- das darf nicht unterschlagen werden. Jesus selbst gab dazu uneindeutige Hinweise. Zum Beispiel sprach er davon, selbst „in Königsmacht wieder zu kommen". 2000 Jahre später gibt es noch immer keine Einigkeit unter den christlichen Kirchen darüber.

Kapitel 14: Die Einfachheit der christlichen Botschaft

Jesus konnte diese „frohe Botschaft" in kurzer Zeit verdeutlichen: Man konnte Christ werden, ohne seinen bisherigen Glauben aufzugeben. Man konnte Christ werden, wenn man eine einzige Predigt von Jesus gehört hatte. Es war kein langes Studium nötig. Der symbolische Akt der Taufe zeigte diese Veränderung an, weg von der Abhängigkeit einer starren menschlichen Hierarchie hin zu einem direkten „Draht zur Urquelle". Die Verwandlung fand durch einen Prozess statt, der nicht vom Verstand ausging. Alle Veränderungen, die die Betroffenen erlebten, waren eine *Folge* ihrer Erkenntnis, keine *Bedingung* für die Annahme des neuen Glaubens. Das war das fundamental Neue: „Gott hat euch zuerst geliebt", „Jeder, der Glauben an IHN ausübt, wird gerettet" (Joh.3:16). Der Mönch Martin Luther, seines Zeichens Gründer der evangelischen Kirche, hat das 1500 Jahre später in seiner „Sola Fide" und „Sola Gracia" formuliert: Allein durch Glaube und durch Gnade erlangt der Mensch „Erlösung".

Das stellte alles Bisherige auf den Kopf. Nicht der eifersüchtige, furchteinflößende Gott der Überlieferung dominierte hier, nicht die darauf beruhende Angst, sondern Zuversicht. Die darin begründete Gemeinschaft folgte nun dieser hierarchiefreien Zusammengehörigkeit, die keine Tieropfer mehr brauchte. Das bedeutet, dass der Gläubige Richtig und Falsch nun nicht mehr starr nach Regeln einteilte und aus Angst vor Strafe bemüht war, brav zu sein, sondern nach einer *inneren Maßgabe*, die im Interesse des Wohls aller handelt. Werde Erwachsen! Übernimm Verantwortung für dich selbst!

Das war ein gewaltiger Sprung in der Entwicklung. Jesus vermittelte seine Lehren jenseits der strengen Dogmen, die das Leben seiner Zuhörer bisher bestimmten. Seine Gebote waren sehr überschaubar.

Ansonsten sprach Jesus hauptsächlich in Bildsprache und Vergleichen. Die Vergleiche und Bilder rührten am Unterbewussten der Menschen und wurden vom Verstand nur unzureichend aufgeschlüsselt. Sie erreichten Menschen in Herz und Seele. Die Bilder waren ein Hinweis auf die Tiefe des Dahinterliegenden, sie waren generationsübergreifend und bedurften keiner Deutung. Es ging eben nicht darum, alles zu erklären oder Predigten zu halten. Damit war der Einzelne erneut befreit von der Abhängigkeit einer Priesterkaste und deren Auslegungen des „Willens Gottes". Der einzelne Mensch wurde dadurch wieder in seine volle Würde gebracht. Jesus hob die Trennung wieder auf, die scheinbar zwischen Gott und Menschen bestand: „Wer mich gesehen hat, hat den Vater gesehen" (Joh. 14:7) „Der Vater und ich sind eins"

(Joh. 10:30). Jesus verstand sich als Vorbild. Also: „Der Mensch und der Gott sind eins".

Man muss sich Gottes Liebe nicht „verdienen". Auch nicht seine Vergebung. In dem Gleichnis vom verlorenen Sohn beschreibt Jesus einen jungen Mann, der sich vom Vater vorzeitig sein Erbe auszahlen lässt und loszieht um das Geld zu verprassen: Er macht also durchgängig Party. Als die Kohle leer ist, hat er natürlich ein Problem: Zurück traut er sich nicht, und so muss er letzten Endes Schweine hüten. Das hält der Nichtsnutz aber nicht lange durch. Also überwindet er sich und kommt wieder bei Papa angekrochen. Es wäre zu erwarten, dass der Vater ihm ordentlich den Marsch bläst. Das tut er aber nicht. Im Gegenteil: Er läuft ihm freudig entgegen, fällt ihm um den Hals und veranstaltet ein Fest zur Feier seiner Rückkehr. Das ist eine

Lektion für die Zuhörer von Jesus: Der himmlische Vater liebt ohne Vorwürfe zu machen und ohne einem die eigene Dummheit vorzuhalten! Das ist die Liebe, die Gott hat. Warum ist das auch nicht anders zu erwarten?

Zurück an den Anfang: Als Gott mit der Schöpfung begann, erschuf er nichts „außerhalb" von sich. Das ginge ja auch gar nicht, weil Gott alles ist. Gott ist ja nicht „in etwas". So ist alles notwendigerweise immer auch Teil Gottes oder geschieht „in ihm". Scheinbar abtrennen davon kann man sich nur, wenn man sich bewusst dafür entscheidet, ohne Mitgefühl und Liebe zu handeln – zu „sündigen". Dann entsteht das Böse. Gott „spielt" etwas, was er alleine nicht sein kann. Doch erzeugt er damit die *Erfahrung*. Er erschafft dadurch alles, was ist.

„Ihr seid das Licht der Welt" sagte Jesus. Was ist das „Licht"? Wir könnten es mit unserem Bewusstsein gleichsetzen, welches die Welt um uns herum „ausleuchtet". Wie der Strahl einer Taschenlampe in einem dunklen Raum erfassen wir das, worauf wir unser wahrnehmendes Bewusstsein, unser „Licht" richten. Die Welt - besser gesagt Gott - kann sich selbst nicht wahrnehmen. Dazu braucht es „Taschenlampen", „Bewusstseine", die in der Lage sind, „auf" eine Welt zu schauen: das könnte man die Funktion oder Rolle des Menschen nennen. Wir sind das Licht der Welt oder: der Blick Gottes durch seine Schöpfung.

Diese Selbsterkenntnis bedeutet Freiheit, denn da wo ich hinschaue, also mein Bewusstsein ausrichte, dort entdecke ich in Folge meine Wirklichkeit. Die Welt ist für mich das, was ich darin sehe. Ich bin die spezielle „Linse" für eine einzigartige Perspektive Gottes. Für jemand anderes sieht die Welt anders aus. Vielfalt entsteht dadurch. Niemand ist besser. Damit bekommt jeder Mensch Verantwortung und Freiheit gleichermaßen zugeschrieben. „Ein jeder ist seines eigenen Glückes Schmied"- oder „jeder ist seiner eigenen Wahrheit Schmied". Doch findet alles im gleichen „Raum" statt, indem die Dinge scheinbar voneinander getrennt sind. Christus hat die Menschen mit seiner Lehre also mit Gott versöhnt.

Kapitel 15: Jesu Tod

Das alles war sowohl den Römern als auch den Juden (Israeliten) zu viel. Da war noch zu wenig Befreiung, und vor allem zu wenig Action. Jesus wurde bekanntlich nach dem Verrat durch seinen Apostel Judas Ischariot brutal getötet. Er starb für seinen Glauben, seine Überzeugung von dem, was er für wahr und richtig hielt. Kurz bevor er starb soll er gesagt haben „Vater, Vater, warum hast du mich verlassen?" Auch das bedeutet es, Mensch zu sein: vollständig verzweifelt zu sein, sich völlig getrennt zu fühlen, bis an das Äußerste zu gehen.

Aber auch der Tod war Teil seiner „frohen Botschaft". Hatte er selbst drei Menschen von den Toten auferweckt, war er nun selbst an der Reihe. Nach drei Tagen war er wieder als Mensch sichtbar. Zwar wandelte er wiederholt seine Gestalt, doch war klar: Der Tod ist nicht das Ende. Jesus sagte einmal, dass er sein Leben „dahingeben würde"- um zu zeigen, dass echter Glaube – also das Wissen um die eigene wahre Natur nicht vom Tod bedroht wird.

40 Tage (da ist sie wieder, die „magische"
Zahl mit ihrem Hinweis auf einen
Symbolwert!) nach seiner Tötung „fuhr
Jesus zum Himmel auf". Das muss man sich
nicht unbedingt buchstäblich vorstellen. Das
ist auch ein bisschen schwierig. Und:
Himmelfahrten waren damals keine neue
Sache. Immerhin waren die Propheten des
Alten Testaments Elia und Henoch bereits
zum Himmel aufgefahren, auch andere
antike Helden nahmen diesen Weg, um sich
vom irdischen zu verabschieden: Herakles,
der Gründer Roms Romulus, Alexander der
Große, Apollonios von Tyna und sogar
Kaiser Augustus waren einige der
prominenten Himmel-auffahrer. Jesus selbst
hat ja immer in Gleichnissen, also
symbolhaft gepredigt. Der Symbolwert einer
Himmelfahrt liegt auf der Hand: Ende des
irdischen Jobs, erhöht in den göttlichen
Bereich.

Viele erwarteten nun, dass Jesus bald als mächtiger König vom Himmel kommen würde und erneut für „Recht und Ordnung" sorgen würde. Und viele waren enttäuscht, weil Jesus nicht die Römer vertrieben hatte. Es ging ihm in seinen Lehren aber um

Höheres: Frieden muss von jedem Einzelnen selbst ausgehen.

Leider waren die Menschen noch nicht soweit.

Kapitel 16: Die Nachfolger Jesu

Die Zeit nach Jesu Tod wird als sehr harmonisch unter den Nachfolgern Jesu beschrieben, in welcher sich alle Gläubigen gegenseitig unterstützten. Eine Art sozialistisches Paradies in klein entstand: Besitz wurde geteilt und man sorgte füreinander (Apostelgeschichte 2: 44-47). Aus Helden wurden Heilige.

Zu Pfingsten nach Jesu Tod geschah ein spektakuläres Wunder: Als sich eine Gruppe von Jüngern traf, wurde „der Heilige Geist ausgegossen", was zur Folge hatte, dass alle Anwesenden plötzlich einer neuen Sprache mächtig waren: ein göttlicher Fremdsprachen- Schnellkurs! (Apostelgeschichte 2). Auch die Jünger konnten Wunder vollbringen: Sie heilten Kranke oder trieben böse Geister aus. Dazu musste man überhaupt kein anerkanntes Mitglied der Gemeinschaft sein, sondern einfach nur den Namen Jesu benutzen! So einfach war es.

Das blieb aber nicht lange so. Petrus hielt eine Rede, in welcher sich herausstellte, dass die verbliebenen 11 Apostel (plus ein Neuzugang, der den Verräter Judas ersetzte), die Inhalte der „Lehre Jesu" festlegten- oder festlegen wollten. Zehn Jahre später kam ein hitzköpfiger Pharisäer namens Paulus zum christlichen Glauben. Man kann sagen, er wurde zwangsbekehrt, denn er hatte eine Vision, während er gerade unterwegs war, Anhänger dieser neuer „Jesus-Sekte" zu jagen. In dieser Vision erschien ihm nach eigenem Verständnis Jesus Christus selbst. Er legte also nach diesem Erlebnis, was zu seiner vorrübergehenden Erblindung führte, noch mal richtig einen Zahn zu, natürlich in die andere Richtung.

Paulus war jüdischer Pharisäer gewesen, also Angehöriger einer geistlichen „Elite", die streng auf die Einhaltung aller Regeln achtete und natürlich entsprechend streng organisiert war. Es ist leicht zu verstehen, dass Paulus sofort begann, eine Organisationsstruktur in die christlichen Gemeinden einzuführen: in Regeln war er Profi. In seinem ersten Brief an die Korinther schreibt er davon, dass jeder seine Funktion habe und Gott *die Apostel* über seine Nachfolger gesetzt habe (1. Kor. 12:20-22). Klar, der neue Glaube, der doch so einfach war, breitete sich aus und so gab es in annähernd jeder Stadt und jedem Dorf eine Gruppe von Anhängern. Aber wo sich eine Organisation bildet, ist Machtmissbrauch auch nicht weit.

Und so entwickelte sich von der jüdischen Provinz Antiochien aus ein Gemeindemodell, eine „Ekklesia", also eine Kirche. Klar, es gab natürlich immer Unstimmigkeiten, wie nun etwas zu verstehen sei oder was diese oder jene Aussage Jesu zu bedeuten habe. Außerdem entstanden Fragen, wie man mit den immer stärker werdenden Anfeindungen von Seiten der Obrigkeit –also des Staates- oder religiöser Gegner umzugehen hat. Es bildeten sich Ämter heraus, deren Inhaber gewisse Funktionen innerhalb der Gemeinde innehatten.

Natürlich starben die Apostel nach und nach. Anfangs war die Gruppe der Nachfolger Jesu, die sich nun „Christen" nannten, recht klein. Es gab eine Menge Ärger durch Behörden oder natürlich durch die Inhaber des bisherigen Glaubens

Nummer eins: des Judentums. Auspeitschungen, Gefängnis und anderes Ungemach musste man schon aushalten, wenn man Christ war. Sogar als Löwenfutter in den römischen Arenen konnte man enden, wenn es ganz dumm lief. Allerdings hatte Jesus das vorausgesagt. Das bestätigte natürlich die Leidenden und so ließen sie sich nicht unterkriegen.

Überhaupt passiert etwas Faszinierendes: Der neue Glaube breitet sich trotz seines schlechten Images im gesamten römischen Reich aus. Über 200 Jahre später wendet sich sogar der Herrscher Roms, Kaiser Konstantin, diesem Glauben zu. Das tut er wohl mehr aus politischen Gründen, denn er möchte sein Reich vereinen, welches so viele unterschiedliche Kulturen beherbergt: ein gesellschaftliches Pulverfass. Dazu ist ein Glaube, der die Gleichheit und

Ebenbürtigkeit aller Menschen und obendrein den Frieden predigt, ideal.

Überhaupt war die antike Welt durchdrungen von unterschiedlichsten Gottesvorstellungen, die einander gegenseitig beeinflussten. Der neue christliche Glaube war da keine Ausnahme. Und dieser Glaube hatte eine Menge Ähnlichkeiten mit dem bereits erwähnten Mithras- Glaube, so dass es ein leichtes war, beide miteinander zu verschmelzen. Ein Glaube, der alles umfasst. Das war die Geburt der katholischen Kirche, denn „katholisch" heißt „allumfassend".

Inzwischen waren dreihundert Jahre vergangen, seit Jesus gestorben war. In den neuen Glauben waren allerlei Lehren eingebaut worden, die nichts mit der ursprünglichen Sache zu tun hatten. Wieder war das Befolgen strenger Regeln nötig, wieder gab es Priester, die ihre Macht ausnutzten. Der Papst war erfunden worden und als direkter Nachfolger des Apostels Petrus Gottes oberster Vertreter auf Erden in Rom zuhause.

Dabei hatte Jesus es so einfach gemacht: „Wenn zwei oder drei in meinem Namen zusammen sind, bin ich mitten unter ihnen" (Matthäus. 18:20) oder „Ich bin die Wahrheit und das Leben" (Joh. 14:6). Diese Freiheit wurde wieder untergraben und die Menschen waren wieder von anderen Menschen abhängig geworden. Aus der Frohbotschaft wurde nach und nach eine *Droh*botschaft. Auch war der alles kontrollierende Gott der Hebräer wieder aktuell: Wie ein allwissender Polizist mit Röntgenblick überwachte er alles und jeden. Einen solchen Gott zu lieben, ist kaum möglich. Wenn man keine Geheimnisse haben kann und darf, ist man kein freier Mensch. Big Pappa is watching you! Wieder tauchte das Problem auf: Warum darf ich nicht sein, wie ich bin, wenn Gott mich doch so geschaffen hat?

Kapitel 17: Wie das Ur-Christentum entstand

Tatsächlich wurde der christliche Glauben, wie wir ihn heute kennen, in erster Linie gar nicht von Jesus selbst geprägt und geformt. Den größten Einfluss auf die Form und den Inhalt des christlichen Glaubensverständnisses hatte der Ex-Pharisäer Paulus. Insgesamt 14 Bibelbücher werden ihm zugerechnet. Das sind fast dreiviertel des Neuen Testaments, die vier Evangelien nicht mitgerechnet. Will man also das Christentum verstehen, muss man Paulus verstehen.

Der selbsternannte Apostel war äußerst eifrig im Dienste seines Herrn. Er reiste durch den gesamten Mittelmeerraum und gründete Gemeinden. Er war auch ein Wortakrobat. Mit seinen Briefen erreichte er die einfachen Menschen jüdischen Glaubens genauso treffsicher wie die gebildeten Schichten der Gesellschaft, die von der griechischen Denkkultur begeistert waren, welche damals gerade modern war. Aber so ganz konnte Paulus sich nicht von seinem hebräisch- jüdischen Glauben befreien. Immer stärker bildete er die Hierarchie, also das Machtgefälle nach, welche er gewohnt war. Immer mehr ging es um Auslegung und Interpretation des „Gesetzes" Mose, so dass eine Mischung aus jüdischem und urchristlichem Glauben entstand. Im Mittelpunkt stand nicht mehr die „Befreiung" sondern nun die „Erlösung". Die ganzen Tieropfer wurden nun ersetzt durch das eine „Menschenopfer" Jesu. In seinem Brief an die Römer fordert Paulus alle auf, *sich selbst als Opfer für Gott hinzugeben* (Rö. 12,1). Wieder knüpfte der neue Glauben an die Idee an, der Mensch sei „nicht genug" und von Geburt an fehlerhaft. Die Taufe würde als Einsicht dessen davon befreien und erlösen. Und dann?

Hätte sich dann nicht ein „Wiederkommen" Jesu erübrigt?

Als Jesus seine „Frohe Botschaft" predigte, herrschte unter dem hebräischen Volk die Erwartung des Reiches Gottes auf Erden, also die Erfüllung aller Vorarbeit, die die vielen Propheten über Jahrhunderte geleistet hatten. Von den Römern unterdrückt und von den Priestern des jüdischen Opfer-Glaubens alles andere als getröstet, war es der Meinung des Volkes nach höchste Zeit für eine Erlösung. Jetzt war klar geworden, dass Jesus nicht beabsichtigte, den Kampf gegen die Römer aufzunehmen, auch nicht vom Himmel aus. Er hatte deutlich gemacht, dass sein Reich „nicht von dieser Welt" sein sollte (Joh. 18,36). Aber er hatte doch auch gesagt, man solle beten: „Dein Reich komme!". Wenn es aber nicht buchstäblich kam, wie sollte man denn aber dorthin kommen?

150 Jahre schon nach dem Tod Jesu gab es alle möglichen Vorstellungen davon. Eine buchstäbliche Auferstehung der Toten war eine neue Idee: Vorher glaubte man an eine Art Unterwelt, in der die Toten ohne wirkliches Bewusstsein existierten, und zwar als die, die sie zu Lebzeiten schon waren: Dort gab es Könige, Bauern, Verbrecher usw. Jetzt hofften manche auf ein Endgericht, nachdem die ganze Welt unter Jesu Herrschaft mit Jerusalem als

märchenhafte Hauptstadt in einem goldenen Zeitalter erblühen sollte.

Andere glaubten eher an ein himmlisches Reich, welches man nach dem Tode betrat. Paulus schrieb an die Gemeinde in Korinth, dass „Fleisch und Blut das Reich Gottes nicht erben werden" (1. Kor.15, 50). Also doch ein Reich im Himmel? Wie auch immer: Jesus war bis dato noch nicht vom Himmel zurückgekommen, wie er doch angekündigt hatte. Tote waren nicht auferstanden und gestorben wurde sowieso noch. Und bis man selber an der Reihe war, um zu sehen, ob man „im Nu umgewandelt werden" würde, wie Paulus es im weiteren Verlauf des Korintherbriefes beschreibt, erschien auch unbefriedigend.

Das war die Zeit, in der immer mehr „apokalyptische" Vorstellungen ins Blickfeld rückten. Apokalypse bedeutet eigentlich „Offenbarung" und deutet darauf hin, dass der Inhalt von Gott geoffenbart wurde. Gemeint ist aber die Vorstellung einer weltweiten, gewaltigen Katastrophe, die nur wenige „Auserwählte" überleben würden.

Das wäre eine Lösung für so viele Schwierigkeiten des neuen Glaubens: Das goldene Zeitalter, das „Paradies" würde danach ungestört von Römern oder sonst wem wieder entstehen können, man wäre frei von Sünde und frei von Krankheit und Tod. Der Frieden zwischen Mensch und Tier wäre genauso wiederhergestellt wie der Friede der Menschen untereinander. Warum man das nicht selbst hinbekommt, können wir hier mal unbeachtet lassen…

Kapitel 18: Apokalypse und Endzeitglaube

Die Apokalypse! Das Ende aller Dinge, das endgültige Ende der Welt, wie sie war! Das erwarteten die Christen schon bald nach Jesu Himmelfahrt. Der Apokalypse würde eine „Endzeit" vorausgehen. Apokalyptische Ideen findet man bereits im Alten Testament, besonders aber später bei Jesus selbst. Zwar hat Jesus in erster Linie von der drohenden Zerstörung Jerusalems durch die Streitkräfte Roms gesprochen, die der aufsässigen Juden überdrüssig waren. Das war im Jahre 70 n.Chr. Aber nachdem sich nach diesem Ereignis auch kein goldenes Zeitalter oder Paradies einstellte, ging man dazu über, darin eine größere Prophezeiung zu sehen. Ein Weltgericht hatte Jesus wiederholt zum Thema gehabt. In Matthäus, Kapitel 25 Vers 31-34 beschreibt sich Jesus sogar selbst als König, der vom Himmel kommt- mitsamt Engeln. Dann versammeln sich alle Völker und Jesus trennt die „Schafe von den Böcken". Gemeint sind natürlich die guten von den bösen Menschen. Eine solche Vorstellung hat natürlich einen Vorteil: Man musste nun nicht mehr wirklich selbst ganz und gar friedlich werden, denn immerhin war man auf der Seite Gottes!

Damit war so manchem Glaubenskrieg der Weg geebnet. Das bedeutete nämlich, dass Gott nicht nur Anhänger, sondern auch „Feinde" hatte - all diejenigen, die in diesem Endgericht „dran glauben" werden. Sonst wäre ja die ganze Hoffnung auf ein Reich Gottes Unsinn gewesen: Wenn alle „Nationen gesegnet werden" würden, dann würde es keinen Grund geben, warum eine Apokalypse notwendig war und das Reich noch nicht längst da sein könnte.

Es gab also wieder ein „Falsch" und ein „Richtig" wie im jüdischen Glauben, wo Gott nur *ein* auserwähltes Volk hatte. Das Problem, dass dabei entstand, bekam in der Religionswissenschaft später den Namen „Theodizee". In der Theodizee geht es um Fragen, wie es sein konnte, dass sich der Schöpfer von Himmel und Erde indirekt selbst „Feinde" erschaffen konnte, die er dann vernichten muss? Also, grundsätzlich gefragt: Woher kommt das Böse, wenn Gott nur gut ist? Dieses Problem löste die Kirche dadurch, dass sie „Satan" bemühte. Im letzten Bibelbuch, der Offenbarung des Johannes, bekommt der auch einen ganz großen Auftritt.

Klar, das Problem wird dadurch nur verlagert. Immerhin hat Gott ja auch Satan erschaffen, wenn auch als „guten Engel". An dieser Stelle bietet sich wieder ein kurzer philosophischer Ausflug an: Wenn Satan in der Lage war, böse zu werden, musste das Böse etwas sein, was es *schon in Gott* gab, zumindest als Möglichkeit. Von nix kommt nix. Neuerfindungen kann nur Gott. Oder – Möglichkeit Nummer zwei - „das Böse" ist gar nicht böse: wir interpretieren es nur so. Oder Gott ist gar nicht *nur* gut. Das Böse wäre dann nur etwas, was in der menschlichen Wahrnehmung „böse" erscheint.

Aber zurück zur Geschichte. So ging man also in der Urkirche, der es politisch und finanziell gut ging, dazu über, Gottes „1000 jähriges Reich" *als bereits im Gange zu sehen.* „Millenarismus" oder schärfer „Chiliasmus" nennt sich dieser Glaube, je nach lateinischer oder griechischer Lesart. Im letzten Bibelbuch, das der Apokalypse seinen Namen verdankt, ist die Rede von einem *tausendjährigen Reich*, einer Zeit der Gottesherrschaft. Nach Ablauf der tausend Jahre erwartete man das endgültige Weltgericht. Man rechnete in dieser Zeit mit dem jüdischen Kalender seit Erschaffung der Welt, denn erst im Jahre 801 wurde die Zeitrechnung „a.D."- „anno Domini"- im Jahre des Herrn-, also „nach Christus" eingeführt. Das bedeutete in der Konsequenz der Rechnung, dass das Weltgericht eintausend Jahre nach Jesu Tod, also im Jahre 1033 a.D. eintreten sollte. Das geschah nicht, leider oder zum Glück, das ist schwer zu sagen. Vielleicht hatte man sich verrechnet? Ein Problem, dass noch häufiger in der Geschichte der organisierten Religion auftreten sollte. Das hinderte die Kirche nicht daran, weiter „Dogmen" festzulegen, also feststehende Lehren, die nicht zu hinterfragen oder anzuzweifeln sind. Die Auslegung der Bibel war Sache des Klerus, also der Geistlichkeit mit dem Papst an der Spitze, geworden.

Am Rande bemerkt: Macht lebt von Abhängigkeit. Über frei denkende Menschen kann man schwer herrschen. Also sorgte der Klerus dafür, dass das „normale" Volk auf keinen Fall die Einfachheit der Botschaft Jesu verstand. Die Predigten wurden nur in lateinischer Sprache gehalten: Was man nicht versteht, kann man nicht begreifen.

Auf jeden Fall betrachteten sich die „offiziellen" Nachfolger Jesu, also die Kirchenvertreter, in den Jahrhunderten nach dessen Tod als „Anwälte" Gottes: Sie legten fest, welche Schriften zur Bibel gehören sollten und welche nicht (der sogenannte Bibel-Kanon), wodurch man unbequeme Ideen einfach ins Reich der Unwahrheit verbannen konnte. Sie fühlten sich natürlich auch beauftragt, Gottes Integrität, also seine Unbescholtenheit zu verteidigen. Jeder, der von der offiziell anerkannten Lehre abwich, war ein „Ketzer" oder „Häretiker". Häresie ist die von der anerkannten Lehre abweichende Meinung. Es war gar nicht nur schlecht gemeint, jemanden davon „heilen" zu wollen: Man glaubte im Mittelalter wirklich, dass jemand, der anderer Ansicht war als es „Gottes Kirche" predigte, zu ewigem Leid verdammt war. Man konnte ihn davor bewahren, indem man ihn schon zu Lebzeiten verbrannte. Übertrieben?

Ok, verbrannt wird heute keiner mehr, doch manche „christlichen" Glaubensgemeinschaften glauben heute noch mehr oder weniger dasselbe: Nur als Mitglied der „wahren Kirche" kann man „gerettet" werden. Und Jesu Rückkehr als König wird auch noch von vielen erwartet. Die allumfassende katholische Kirche gehört übrigens nicht dazu.

Immer noch keine Apokalypse.

Als sich die industrielle Revolution im 18. Jahrhundert ausbreitete und der Glaube bereits durch die vorangegangene „Aufklärung" geschwächt war, bekam die Vorstellung einer großen apokalyptischen Aktion Gottes aber wieder neuen Schwung. Die Welt wandelte sich schnell und unheilvoll - die beste Voraussetzung, sich wieder an ihn zu erinnern.

Die sogenannte „Aufklärung" war eine Epoche, in der sich echte Wissenschaft entwickelte und man herauszufinden begann, dass es für alles, was geschieht, offenbar eine natürliche Erklärung gibt. Das widerlegt zwar nicht grundsätzlich die Existenz eines Schöpfers; nur weil ich etwas erklären kann, habe ich seine Ursache noch nicht bestimmt. Aber es rückt Gott doch ein ganzes Stück nach hinten. „Sapere Aude! - Habe den Mut, dich deines eigenen Verstandes zu bedienen!", war der vom Philosophen Immanuel Kant formulierte Leitspruch. „Glaube nicht mehr alles" war die naheliegende Vereinfachung. Kant selbst war übrigens gläubiger Christ.

Aber die Menschen waren der kirchlichen Macht überdrüssig geworden. Jetzt konnte man alles weg-erklären, auch einen Gott, der einem möglicherweise nach dem Tod noch gefährlich werden konnte.

Doch alles schien ziemlich bedrohlich so ganz ohne einen Gott. Dieser ganze große, weite Kosmos! Und vor allem erschien alles sinnlos: Wenn der Mensch einfach nur ein Zufallsprodukt der Biologie ist, wo soll denn dann der Sinn seiner Existenz bestehen? 60 Stunden Arbeit in der Woche in stickigen Fabriken? Oder als Kanonenfutter imperialistischer Politik? Ein unsicheres Leben, ein „entfremdetes Leben", wie es der Philosoph Hegel ausdrückte, bei dem man ein austauschbares Rädchen im Getriebe ist?

Wie immer, wenn es den Menschen nicht besonders gut geht, wurde der Ruf nach Gott wieder laut und Apokalyptik hatte (mal wieder) Hochkonjunktur. Es entstanden (hauptsächlich im „Land der unbegrenzten Möglichkeiten", den USA) dutzende von christlichen Splittergruppen, die in der scheinbar unheilvollen Entwicklung der Neuzeit die Erfüllung prophetisch angekündigter Endzeit sahen, wie die Mormonen, die Adventisten, die Bibelforscher (die sich später in vier Gruppen aufgeteilt hatten; am bekanntesten sind davon die Zeugen Jehovas), die Baptisten, die Neuapostolische Kirche und viele evangelikale Gruppen und Sekten. „Eschatologisch" wird ihre Lehre genannt: auf das Ende ausgerichtet. Alle vereint die Überzeugung, im Alleinbesitz des göttlichen Segens zu sein. Damit maßen sie sich auch alle Autorität über die Auslegung der „heiligen Schriften" an.

Das Bibelbuch, welches so viel „Futter" für ein apokalyptisches Szenario bietet, ist eben die *Offenbarung*, mit der die Bibel auch endet. Das erzeugt den Eindruck eines offenen Endes; aber die Bücher, die zusammen die Bibel bilden, sind nicht chronologisch geordnet. Die Offenbarung ist also keineswegs sicher das letzte Bibelbuch, das fertiggestellt wurde, das aber nur am Rande.

Es ist aber dasjenige Bibelbuch, das am meisten Stoff für wilde Träume liefert. Es besteht fast ausschließlich aus Bildern und Symbolen und natürlich aus Zahlenmystik. Wir finden natürlich die vier Apokalyptischen Reiter, das „wilde Tier" und seine geheimnisvolle Zahl 666, wir finden den „Drachen" und die letzte Schlacht. Generationen von Mystikern, Bibelforschern und Gelehrten versuchen seit fast 2000 Jahren, diese Bilder eindeutig zu entschlüsseln.

Letzten Endes kann man eines aus der Offenbarung herauslesen: der endgültige Sieg des Guten über das Böse. Auch wenn der Text voller hebräischer Glaubenstradition ist und ebenso viele Vorstellungen anderer antiker Religionen beinhaltet, läuft die Geschichte doch auf ein Happy- End hinaus. Der „Drache" verliert den Kampf gegen das Gute, verkörpert durch den Erzengel Michael, der manchmal mit Jesus gleichgesetzt wird. Der regiert vom „neuen Jerusalem" aus, welches eine Diamantenstadt im Himmel ist. Die Toten werden auferweckt, die Nationen finden „Heilung". Die Menschen sind mit Gott versöhnt, der jetzt „bei ihnen ist" (Off.21). Die Erde wird wieder das Paradies, das sie am Anfang war. Ob es die buchstäbliche Erde ist, die dort beschrieben wird, kann nicht eindeutig festgestellt werden. Die Rede ist von „neuen Himmeln und einer neuen

Erde". Damit wäre aber das Versprechen, das Gott Urvater Abraham gegeben hatte, erfüllt. Ist die lange Story zu Ende?

Kapitel 19: Was nun?

Die Offenbarung endet mit den Worten des Autors: „Komm Herr Jesus!". Was, er ist immer noch nicht da? An die Bibel zu glauben heißt also, zu warten..? Man könnte zu diesem Schluss kommen. Das ist übrigens auch das Problem vieler eschatologischer Glaubensgemeinschaften: Man kann eine Spannung nicht endlos aufrecht erhalten. Irgendwann wird es unglaubwürdig. Ein Ende, das nicht kommt, ist ein Paradoxon.

Aber statt eine finale Super-Lösung mit
Komplett- Antwort- Garantie zu liefern, wie
es viele Religionen und Gemeinschaften tun,
kann uns die Bibel etwas anderes lehren.

Mensch zu sein wirft Fragen auf, die beantwortet werden wollen. Was ist Moral und nach welchen Werten sollte sie sich richten? Wie gehen wir mit der Angst vor dem Tod um? Wie mit Leid?

Der Mensch ist als einziges Wesen frei, den Sinn seiner Existenz selbst zu bestimmen. Er ahnt außerdem, dass hinter der sichtbaren materiellen Welt etwas Höheres existiert. Dieses Höhere kann er sich natürlich nur in seinen Begriffen vorstellen und nur in diesen Begriffen kann er davon sprechen. Es müsste in der Genesis eigentlich heißen: „Am Anfang schuf der *Mensch Gott* in seinem Bilde".

Und heute leben wir in einer Zeit, in der die Wissenschaft scheinbar alles erklären kann. Das führt leicht zu der vorschnellen Schlussfolgerung, dass es hinter dem, was man messen kann, nichts weiter gibt. Das ist natürlich naiv; trotzdem ist es die Meinung der meisten Menschen. Den wenigsten fällt dabei auf, dass ihr Glaube genau dort endet, wo ihre Vorstellungskraft endet. Oder soweit ihr Geist reicht. Es gibt demnach nur das, was wir *verstehen*.

Außerdem haben wir ein Verständnis von *Zeit* als einer geraden Linie, auf der alles nacheinander geschieht. Folglich hat in unserer Vorstellung alles eine Ursache, also ein Ereignis, welches sich scheinbar zu einem früheren Punkt auf dieser Linie ereignete. Deshalb tun wir uns schwer damit, an etwas zu glauben, was selbst keine Ursache haben soll, zum Beispiel Gott. Natürlich wird das Problem nicht dadurch gelöst, dass man Gott durch den „Kosmos" ersetzt.

Ist Gott aber nur eine Vorstellung, die uns ein wenig die Angst vor dem Leben (oder dem Tod) nehmen soll? Einige behaupten das sinngemäß. Das ist aber nur ein weiterer Versuch, diesen penetranten Gott abzuschaffen, der sich in der Vergangenheit immer wieder als Projektion unseres Geistes herausgestellt hat. Aber wen betet der Mensch an, wenn er alles wegerklärt hat?

Die Antwort lautet: sich selbst. Er feiert sich, er wächst über sich hinaus, er macht sich „die Erde untertan" wie es in 1.Mose (Genesis) heißt- leider nicht immer zum Wohle dieser Erde. Die Welt heute ist voller Technologie, die uns inzwischen mehr Probleme macht, als uns zu helfen. Noch nie war der Mensch so im Ungleichgewicht mit dem Rest dieses Planeten als zu der Zeit, in der er Gott „wegrationalisiert" hat.

Gott abzuschaffen scheint keine wirklich gute Lösung zu sein.

Wir müssen also weitermachen. Jeder Einzelne. Aber wie? Wenn ich beeindruckt oder ergriffen bin von einem Sonnenaufgang, einer gewaltigen Landschaft, einem Naturschauspiel, vom Nachthimmel, einer erhabenen Musik, oder dem Gefühl in einem sakralen Gebäude wie einer Kathedrale, dann spüre ich etwas Besonderes: das *Heilige*. Und nein, das ist nicht nur eine chemische Reaktion meines Gehirns. Es ist zwar auch das, aber eben nicht nur. Die Welt besteht aus dem Gewöhnlichen (dem „Profanen") und dem Besonderen, dem Unerklärlichen- eben dem „Heiligen", dem, was nicht messbar oder berechenbar ist. Ebenso wie wir nicht nur aus Körpern bestehen, die Gehirne haben, sondern wissen, dass wir eben auch einen Geist haben, der ein Bewusstsein voraussetzt. So, wie es keine Form ohne Materie gibt und keine Materie ohne Form, so gibt es nicht nur den Bewusstseinsträger oder besser: sein Gehirn. *Intelligenz,* also Geist, ist eine Eigenschaft des Kosmos, nicht von Gehirnen. Sie *hat Gehirne erst ermöglicht und hervorgebracht,* wie es der Naturwissenschaftler Hoimar von Dittfurth treffend formuliert hat (ebd. „Wir sind nicht nur von dieser Welt" dtv, 1990).

Jetzt können wir uns auch mit dem Begriff „Glauben" anfreunden: Glauben wäre dann die Fähigkeit des Menschen zur „Transzendenz", also die Fähigkeit, eine tiefere Wirklichkeit hinter der rein materiellen Welt zu erahnen. Mein Leben ist nicht ohne Bedeutung; ich bin weder einfach nur das Produkt eines unglaublichen Zufalls, aber ich bin auch nicht nur ein abhängiges Menschlein in der Hand eines autokratischen Über-Vaters.

Die Bibel erzählt uns die Geschichte, wie sich menschliches Bewusstsein entwickelt hat und daraus Recht und Unrecht bestimmen konnte. Sie beschreibt unterschiedliche Versuche, die Herkunft dessen zu erklären, was wir das Böse nennen. Und sie hilft einen Blick auf das Höhere zu richten: Wir (und alles andere auch) sind eben nicht nur das Produkt chemischer Reaktionen. Es gibt hinter allem sichtbaren auch eine unsichtbare Wirklichkeit, die wir als etwas „Heiliges" wahrnehmen können.

Das ist vielleicht eine Lösung, eine „Erlösung": Aus unseren Augen schaut Gott.

Wir sind unser eigenes Experiment.

Kleines Bibel- Navi

Wie viele Menschen wirklich an der Bibel geschrieben haben, ist nicht völlig sicher. Gerade die älteren Teile der Bibel waren Geschichten, die man sich von Generation zu Generation immer weitererzählte und erst ungefähr im 6. Jahrhundert vor Christus aufzuschreiben begann. Über die meisten Schreiber weiß man tatsächlich ziemlich wenig und wer sie wirklich waren, kann nicht mit endgültiger Sicherheit festgestellt werden.

Die Bibel erhielt ihre Form im frühen 4. Jahrhundert. Damals wurde von der Kirche festgelegt, welche Schriften zur Bibel gehörten. Das nennt man „Bibelkanon". Allerdings wurde der Bibelkanon in der heutigen Form erst im 16. Jahrhundert endgültig festgelegt, nachdem die Reformation Martin Luthers die Kirche spaltete und Glaubenslehren („Dogmen") noch einmal hinterfragt wurden.

Schriften, die nicht in den Kanon aufgenommen wurden, nennt man „Apokryphen". Die Apokryphen entstanden wohl ab dem 2. Jahrhundert und enthalten Lehren und Vorstellungen, die zwar faszinierend sind, aber nicht ganz zur bereits festgelegten Kirchenlehre passten. Es gibt allerdings auch ältere Apokryphe Schriften, die Teil des Alten Testaments sind.

Ursprünglich war die Bibel auch nicht in Kapitel und Verse aufgeteilt. Diese Aufteilung kam erst später: Die Kapitel entstanden im 13. Jahrhundert, die Einteilung in Verse erst im 16. Jahrhundert. Wenn ein Bibeltext angegeben ist, wird zuerst das Bibelbuch (meist als Abkürzung) genannt, danach folgen die Kapitel und dann der Vers, der üblicherweise durch ein Komma gekennzeichnet ist.

Der älteste Teil der Bibel ist der „Pentateuch", die fünf Bücher Mose, die von der Erschaffung der Welt und dem Ursprung des Volkes Israel handeln.

Als nächstes kommen die „Geschichtsbücher" von Josua bis Esther, die hauptsächlich die Zeit behandeln, in denen Israel als politisches Königreich bestand.

Weiter geht es mit den „Lehrbüchern" inklusive der Psalmen: sie beginnen mit dem Hiob- Buch und enden mit dem „Hohelied" und enthalten Weisheiten, Philosophien und Lyrik der damaligen Zeit.

Den nächsten Teil bilden die „Propheten", mit denen der erste und ältere Teil der Bibel endet: das

„Alte Testament" (AT) oder die „hebräischen Schriften".

Das „Neue Testament" (NT) oder die „griechischen Schriften" beginnen mit den vier Evangelien, also der Geschichte von Jesus (das lateinische Wort für „Evangelium" bedeutet „frohe Botschaft").

Als Geschichtsbuch folgt nun die Apostelgeschichte, die erzählt, wie sich der neue Glauben ausbreitete. Dann kommen die „Paulusbriefe" und die Briefe anderer Apostel.

Den Schluss bildet das apokalyptische Buch „Offenbarung".

Der Autor

Marcus Zeller, Jahrgang 1973, ist Pädagoge und lebt mit seiner Familie auf der Kanareninsel La Palma. Er wuchs als Zeuge Jehovas auf und verließ die Glaubensgemeinschaft erst im Alter von 36 Jahren. Die Notwendigkeit, ein völlig neues Welt- und Gottesverständnis aufzubauen, veranlasste ihn, sich intensiv mit Religion und Philosophie auseinander zu setzen. Dabei wurde ihm bewusst, dass diese Themen Dogmatismus ausschließen, nicht aber Humor.

2016 veröffentlichte Marcus Zeller seinen Ratgeber für Sektenaussteiger „Das versprochene Paradies", ebenfalls erschienen bei Tredition.

www.ausstiegsberatung.com

Zeitfracht Medien GmbH
Ferdinand-Jühlke-Straße 7
99095 Erfurt, Deutschland
produktsicherheit@kolibri360.de